Timon Stevens   Kalligraphie von A bis Z

Timon Stevens

Kalligraphie von A bis Z

Eine praktische Anleitung
zum Schreiben und Gestalten von
Buchstaben und Texten

2. Auflage

Verlag Paul Haupt Bern und Stuttgart

Titel der holländischen Ausgabe:
Kalligrafie van A tot Z
von Timon Stevens
Copyright © 1981 by Timon Stevens, Schiedam
Copyright © 1981 by Nederlandse uitgave: Cantecleer bv, de Bilt
Aus dem Holländischen übersetzt und für die deutsche Ausgabe bearbeitet von
Werner Hiltbrunner, CH-3000 Bern 26

CIP-Titelaufnahme der Deutschen Bibliothek

Stevens, Timon:
Kalligraphie von A bis Z: eine praktische Anleitung zum Schreiben und
Gestalten von Buchstaben und Texten / Timon Stevens.
[Aus dem Holländ. übers. und für die dt. Ausg. bearb. von Werner Hiltbrunner].
– 2. Aufl. – Bern; Stuttgart: Haupt, 1991.
  Einheitssacht.: Kalligrafie van A tot Z ‹dt.›
  ISBN 3-258-04360-4
NE: Hiltbrunner, Werner [Bearb.]

Inhaltsverzeichnis

Schreiben können wir –
aber schön schreiben?

Eigentlich haben wir in der Schule schreiben gelernt – aber was bleibt nach einigen Jahren davon übrig? Meist eine „Geheimschrift", die wir selbst nur mühevoll entziffern können. Wenn wir dann für eine besondere Gelegenheit etwas hübsch schreiben möchten, erscheint uns das sehr aufwendig, und das Ergebnis ist allemal enttäuschend: Wir bringen nichts Befriedigendes zustande.

Doch mit einiger Anstrengung lässt sich das ändern. Das Ziel dieses Buches besteht darin, Ihnen Schritt für Schritt, mit einfachen Mitteln und klaren Instruktionen die Kunst des Schönschreibens – der Kalligraphie – beizubringen, Sie zu lehren, die Buchstaben unseres Alphabets korrekt nebeneinander zu setzen und sie zu gut aussehenden, leicht lesbaren Texten zusammenzufügen, die ansprechend in die Fläche eingepasst sind.

Kalligraphie ist eine kreative Beschäftigung – überliefert aus einem jahrhundertealten Handwerk –, die Sie befähigt, Ihre Weihnachtskarten, Speisezettel und Einladungen selbst zu entwerfen und mit einem eigenhändig geschriebenen Text zu gestalten. Auch Ihr Namensschild, Ihre bevorzugten Sprichworte und Gedichte gewinnen durch die kalligraphische Gestaltung an Überzeugungskraft. Mit zunehmender Fertigkeit werden Sie viele weitere Anwendungsmöglichkeiten entdecken.

Dieser Leitfaden für Anfänger führt anhand vieler Beispiele in die Grundlagen des Schreibhandwerks. Die Kunst der grossen Schriftmeister der Geschichte, deren Buchstaben Sie täglich in Zeitungen und Büchern lesen, wird auf Sie übertragen, um Ihnen zu ermöglichen, damit etwas Schönes zu gestalten.

Die Schriftvorlagen sind nicht perfekt wiedergegeben; sie sind als Richtlinien und nicht als Modelle zum Kopieren gedacht. Sie sollen Ihnen erleichtern, *eine eigene Kalligraphie zu entwickeln*. Der Autor weist Ihnen den Weg, behütet Sie vor Fallgruben und bringt Ihnen die Fertigkeit für eine neue 'alte' Form von Kreativität bei.

Falls Sie danach trachten, dass Ihre Schrift einem mittelalterlichen Text ähnlich sieht, so beschaffen Sie sich am besten entsprechende Kopien oder faksimilierte Drucke. Sehen Sie sich die einzelnen Buchstaben und Wörter genau an, und üben Sie sie gründlich ein. Dieses Buch vermittelt Ihnen die erforderlichen Grundlagen, die Sie auch befähigen, mit etwas Kreativität eigene Schriftformen zu entwickeln. Viel Vergnügen!

Arbeitsbedingungen und Material

Anders als bei den meisten Hobbies können Sie mit der Kalligraphie ohne grosse Geldausgaben beginnen, denn Sie benötigen tatsächlich nur ein Blatt Papier, eine Feder und Tinte.
Freilich ist es zwar besser, gleich zu Beginn ein paar Anschaffungen zu machen: Ihre Erfolgschance steigt, und die Arbeit wird angenehmer.
Bevor wir die Feder aufs Papier setzen, müssen wir uns vergewissern, dass unser Handwerk nicht durch schlechte Arbeitsbedingungen erschwert wird.

Der Stuhl

Der Stuhl muss uns ermöglichen, entspannt zu sitzen. Er darf uns bei der Arbeit nicht behindern, also keine Armlehne haben, und sollte in der Höhe verstellbar sein. Notfalls tut es auch ein gewöhnlicher Esszimmerstuhl.

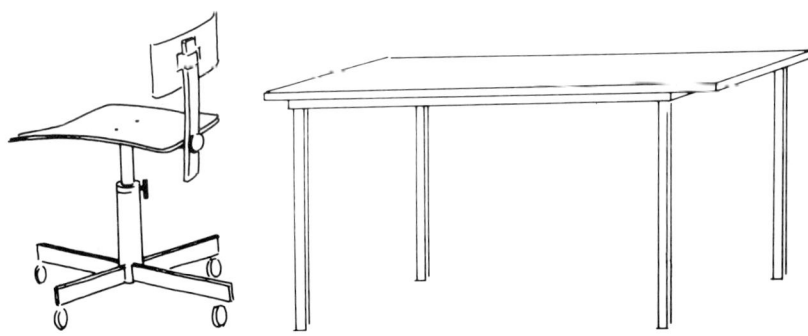

Der Tisch

Ein rechteckiger Esszimmertisch ist sowohl von der Höhe als auch von der Grösse der Fläche her ausgezeichnet.

Das Reissbrett

Holz oder Spanplatte – in letzterem Fall mit einem glatten Kunststoffbelag von heller Farbe – eignet sich gut. Das Reissbrett muss mindestens auf einer Seite – mit Vorteil auf der linken – vollkommen rechtwinklig und mit einem stufenweise verstellbaren Anschlag versehen sein. Die Grösse von 50 x 70 cm hat sich bewährt. Diese Fläche ist nötig, um den Arm abzustützen und eine genügend grosse Arbeitsfläche zu gewährleisten.
Als Schreibunterlage auf dem Reissbrett dient ein weisses Fliessblatt, das mit einigen Seiten Zeitungspapier unterlegt ist. Sie kann mittels Reissnägeln oder Klebstreifen fixiert werden. Befestigen Sie auf der unteren Hälfte Ihres Brettes einen Streifen aus starkem Papier, der straff aufliegt. Ihre Hand kann während der Arbeit dort aufliegen, und das von Ihnen bearbeitete Papier bleibt sauber.

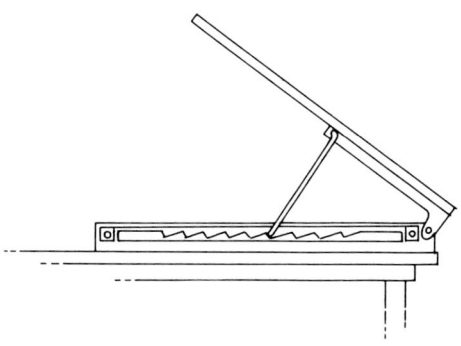

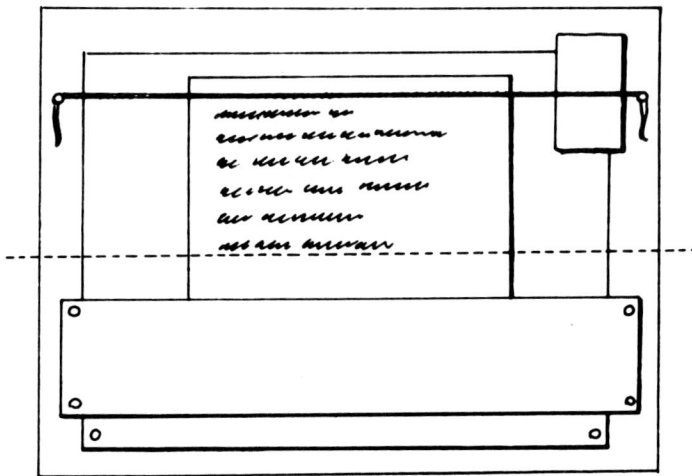

Auf der oberen Seite der Schreibunterlage spannen wir einen Baumwollfaden. Den zu bearbeitenden Papierbogen schieben wir unter diesen Faden und den Schutzstreifen. Er wird nicht befestigt, so dass wir ihn bequem verschieben können. Oben links oder rechts befestigen wir ein Blatt Papier oder schieben es unter den Faden; wir werden darauf den gleichmässigen Ausfluss der Tinte aus der Feder prüfen.

Die Beleuchtung

Sorgen Sie dafür, dass Ihre Arbeit gleichmässig und gut beleuchtet ist: Schattenfreie Beleuchtung von oben oder von der linken Seite, falls Sie Rechtshänder sind, andernfalls selbstverständlich von rechts. Am besten eignet sich natürlich Tageslicht; aber auch Kunstlicht, das nicht zu grell ist, reicht aus – beispielsweise eine Leuchtröhre. Diese muss aber mindestens 80 cm oberhalb des Brettes befestigt werden und genügend lang sein, um Ihre ganze Arbeitsfläche auszuleuchten.

Die Körperhaltung bei der Arbeit

Der Tisch ist nicht geeignet, um direkt darauf zu arbeiten. Dazu verwenden Sie ein Reissbrett, das nicht flach auf den Tisch zu liegen kommt, sondern in einem bestimmten Winkel dazu. Dieser Winkel muss auf Sie abgestimmt sein. Beginnen Sie einmal mit einem Winkel von 45° und versuchen Sie, sich daran zu gewöhnen. Später können Sie ihn – wenn nötig – vergrössern oder verkleinern.

In dieser Stellung werden Ihre Arme zuerst schnell ermüden, doch lässt sich so schneller und besser arbeiten. Welches sind die Vorteile?
- Erstens können Sie Ihre Arbeit vollständig überblicken. Der ideale Abstand zwischen Arbeitsfläche und Augen von mindestens 30 cm wird eingehalten. So passieren Ihnen am wenigsten Fehler.
- Zweitens liegt Ihre Feder schräg über der Horizontallinie. Dies hat ein regelmässiges aber kein überschüssiges Ausfliessen der Tinte aus der Feder zur Folge.

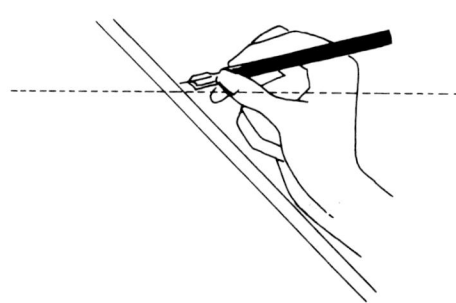

Weitere Hilfsmittel

Sie benötigen einen Massstab von etwa 40 bis 50 cm Länge, eine gute Reissschiene, zwei Dreiecke passender Grösse, eines mit einem Winkel von 45°, das andere mit Winkeln von 30°/60°/90°, sowie einen einfachen Transporteur (Winkelmesser). Sie können auch ein Dreieck kaufen, das auf verschiedene Winkel eingestellt werden kann – ein Luxus, der erst später gerechtfertigt ist.

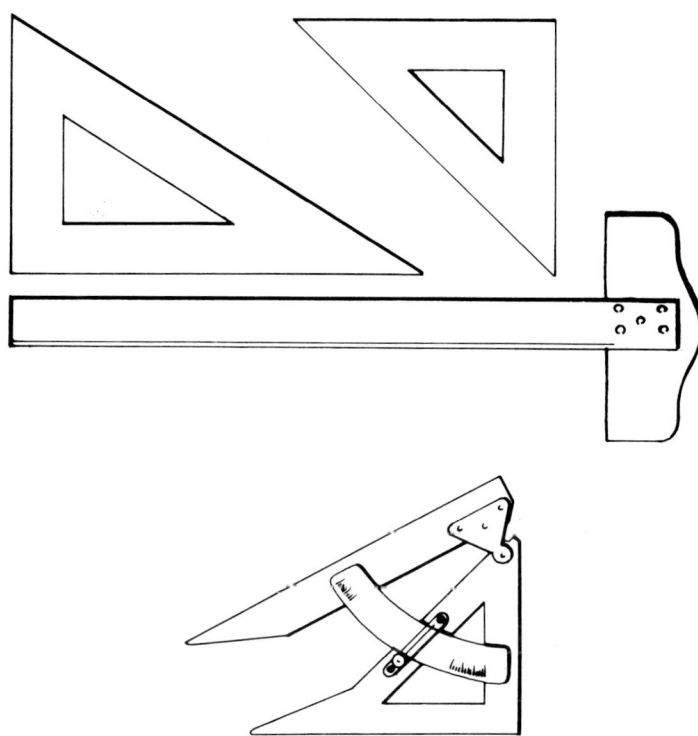

Das Schreibzeug

Sie benötigen verschiedene Bleistifte, um die Hilfslinien zu ziehen, um eine grobe Skizze Ihrer Arbeit anzufertigen und sie genau vorzubereiten. 4H- und 5H-Bleistifte eignen sich zum Ziehen der Hilfslinien; sie sind hart und ergeben scharfe, dünne Linien. Drücken Sie nicht zu stark, da sonst tiefe Rillen im Papier entstehen! Für die Grobskizze können Sie weiche B-Bleistifte verwenden; sie verursachen keine Rillen im Papier und geben schnell ein Bild Ihres Vorhabens.
Entspricht die Skizze etwa Ihren Vorstellungen, so ziehen Sie sie mit einem HB-Bleistift aus. Damit werden die Striche schärfer, sie können aber doch noch gut radiert werden.
Für weiche Bleistifte verwenden Sie am besten einen weichen Radiergummi, vielleicht sogar sogenannten Knetgummi; für harte Bleistiftstriche dagegen ist ein härterer Gummi oder Radierer aus Kunststoff erforderlich.

Die Redisfeder

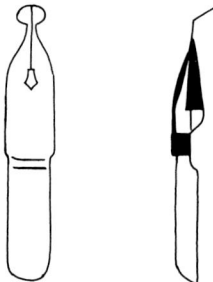

Sie wird gelegentlich Schnurzug- oder Blockschriftfeder genannt und weist eine runde Platte als schreibende Fläche auf. Dadurch entstehen bei richtigem Gebrauch nach allen Richtungen Striche von einheitlicher Dicke. Anfang und Ende der Linien sind immer rund.

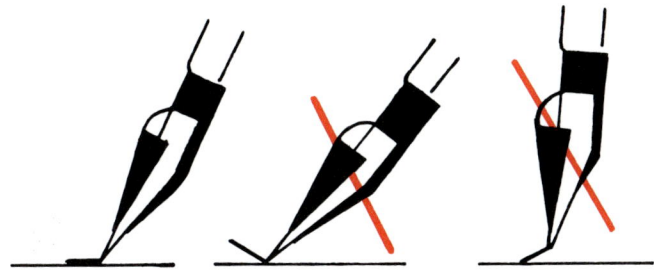

Um mit der Redisfeder schöne Striche zu erhalten, ist es notwendig, dass die Schreibplatte immer mit der vollen Fläche über das Papier gleitet. Beachten wir dies nicht, werden die Linien unregelmässig und hässlich. Die Linienbreite entspricht bei richtig geführter Feder genau dem Durchmesser der Schreibplatte. Beim Schreiben darf weder Druck auf die Feder ausgeübt noch darf sie gedreht oder verkantet werden.
Redisfedern sind in Breiten von 0,5 bis 5 mm erhältlich. Die Verwendung einer Überfeder als Tuschereservoir ist unerlässlich. Die Möglichkeiten dieser und anderer Federn für die Kalligraphie werden weiter hinten behandelt.

Die Breitfeder

Sie wird auch etwa als Bandzug- oder Rundschriftfeder bezeichnet und ist – nach dem Vorbild der alten Gänsefeder – mit einem unterschiedlich breiten „Meissel" ausgerüstet. Dieser bildet die Schreibkante an der Vorderseite der Feder.

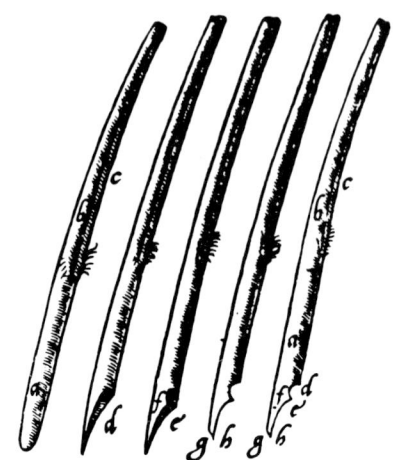

a – Tondo dela penna.
b – Canaletto.
c – Curuita.
d – Primo taglio.
e – Secondi tagli.
f – Vomero.
g – Sguinzo.
h – Punta temperata.

Eine Illustration aus einem Schreibbuch des italienischen Schreibmeisters Ludovici degli Arrighi – 1522 in Venedig gedruckt – zeigt Ihnen, wie ein Gänsekiel zuzuschneiden ist. Die Gänsefeder blieb bis in die Mitte des 18. Jahrhunderts das einzige Schreibzeug, dann begann die Entwicklung der Metallfeder. Heute verwenden wir ausschliesslich in der Fabrik hergestellte, gebrauchsfertige Federn, auf die wir später zurückkommen werden.

Wenn wir die folgenden Buchstaben betrachten, sehen wir, dass sie einen starken Dick-/Dünnkontrast aufweisen. Er kommt dadurch zustande, dass die Buchstaben aus einem Wechsel von dicken und dünnen Linien bestehen, die folgerichtig ineinander übergehen. Diese Buchstaben wurden mit einer einzigen Feder

va per milano el cont

geschrieben. Früher verwendete man dazu eine Rohrfeder oder einen Gänsekiel, die nach dem bereits auf Seite 18 gezeigten Verfahren zugeschnitten wurden.

Es gibt drei Typen von Breitfedern (siehe Seite 18):

a) Die Schreibkante des Meissels verläuft quer (rechtwinklig) zur Längsachse der Feder. Diese Feder ergibt einen geraden Strichansatz. Senkrecht gezogene Linien werden auf ihrer ganzen Länge gleichmässig so breit, wie die Feder ist; schräg gezogene Linien werden dünner, horizontale schliesslich zu Haarstrichen. So entsteht ein Dick-/Dünnkontrast.

b) Meissel mit rechts angeschrägter Schreibkante. Diese Feder gibt weniger Dick-/Dünnkontrast als die mit geradem Meissel. Sie wird hauptsächlich von Rechtshändern verwendet.

c) Meissel mit links abgeschrägter Schreibkante. Diese Feder für Linkshänder hat dieselbe Funktion wie die Feder mit rechts abgeschrägtem Meissel für Rechtshänder. Bei Verwendung durch Rechtshänder werden die nach links unten verlaufenden Linien dünner als diejenigen nach rechts unten; das ergibt einen typischen Effekt

Diese Federn sind einzeln in Breiten von 0,8 bis 5 mm, gelegentlich sogar bis 10 mm, erhältlich.

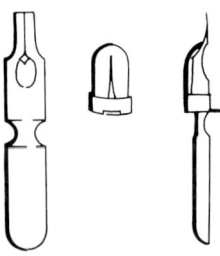

Falls die Breitfedern nicht bereits mit einer Überfeder versehen sind, so empfiehlt es sich, sie ebenfalls dazu zu kaufen. Man schiebt sie über die Federn, damit sich in der Vertiefung der Feder ein Tuschevorrat bilden kann. Es erübrigt sich somit, die Feder in das Tuschefläschchen zu tauchen, so dass sich an der Feder auch keine grossen Tropfen bilden können.

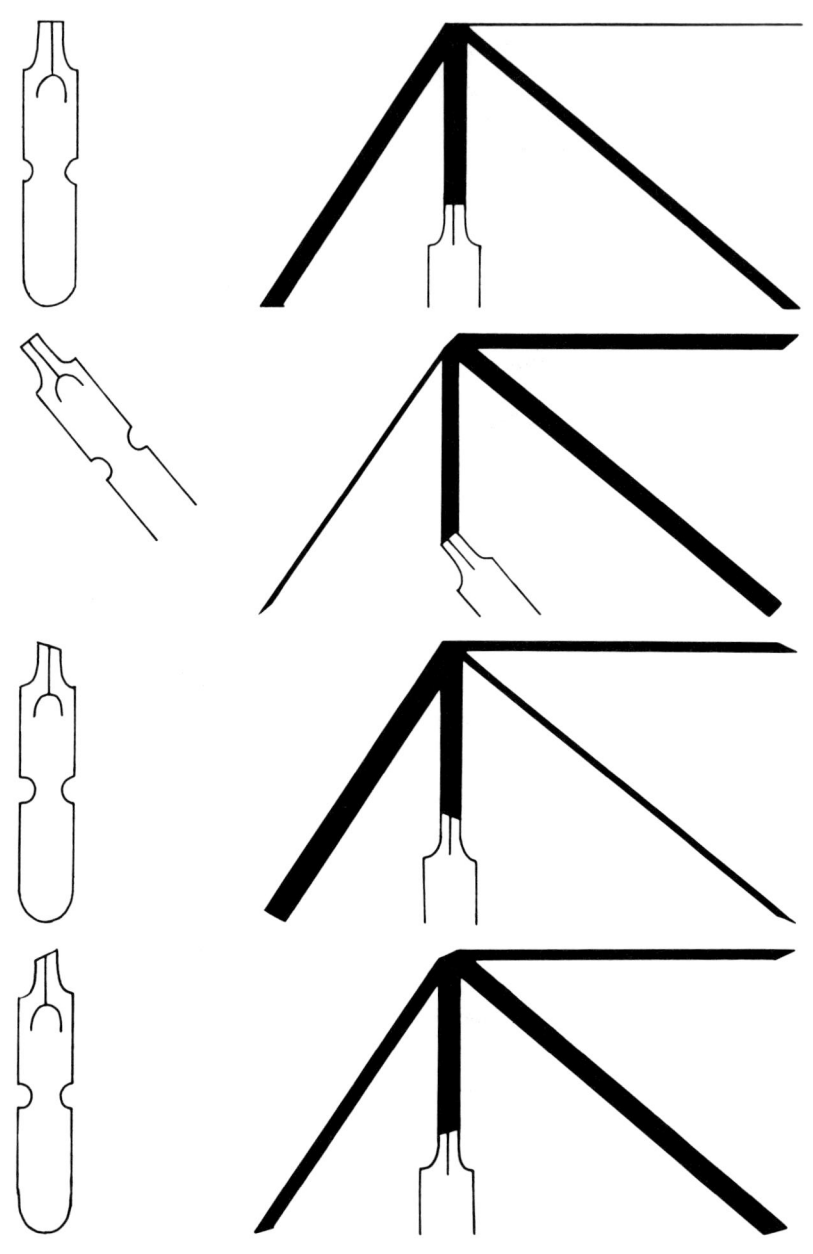

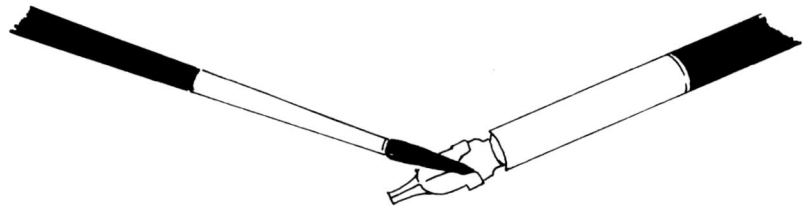

Das Dosieren der Tusche gelingt am besten mit einem alten Pinselchen oder zugespitzten Holzstäbchen: Halten Sie die Feder in der rechten Hand, und füllen Sie sie mit dem Pinsel oder Holzstäbchen in der linken Hand. Tun Sie dies nicht über Ihrem Arbeitsblatt – es könnte ein Unglück geschehen! Zum Benetzen der Feder können Sie auch Tuschepatronen verwenden (siehe Seite 25).

Mit einer Breitfeder ergeben sich nebenstehende Ergebnisse:
– Oberste Skizze: Die Feder mit horizontaler Schreibkante wurde im Winkel von 90° angesetzt.
– Zweitoberste Skizze: Verwendung der gleichen Feder bei einer Schräghaltung von ungefähr 40°, wie sie beim Schreiben allgemein gebräuchlich ist.
– Folgende Skizzen: Verwendung einer rechts- bzw. linksabge- schrägten Feder.

Die Spitzfeder

Schliesslich gibt es die altbekannte Spitzfeder auch Zeichen- feder genannt. Ihre scharfe Spitze schreibt dünnere oder dickere Linien, je nach Härtegrad von weich (B) über HB und H zu extra hart (K).
Diese Spitzfedern sind sehr elastisch, und die Strichdicken las- sen sich deshalb mühelos variieren. Aber Sie müssen achtge- ben, dass keine Spritzer entstehen – besonders bei den Rundun- gen von O, D und Q – und dass Sie mit der Feder nicht ins Papier stechen. Glattes Papier eignet sich am besten für diese Feder.

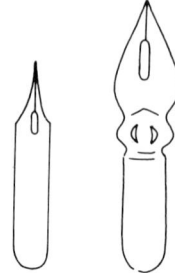

Nicht zu vergessen sind die altvertrauten Federn aus früher Schulzeit: die Krönchen-, Tännchen- und Rosenfedern – oft verwünscht, aber für bestimmte Arbeiten doch sehr gut zu gebrauchen.
Probieren Sie alle Federn aus, um herauszufinden, welche Sorte Ihnen bezüglich Härte und Sprödigkeit am besten liegt. Zusätzlich ist der Verwendungsbereich zu berücksichtigen: Für dünne Haarlinien ist eine harte, spröde Feder das Beste, während die wechselnde Linienbreite der Schönschrift nach einer weichen, elastischen, nicht zu harten Feder verlangt.

Der Federhalter

Auch die Auswahl des *Federhalters* ist von Bedeutung: Während der eine Schreiber einen dünnen Halter vorzieht, will der andere lieber einen dicken Schaft. Eines aber ist sicher: Nehmen Sie auf alle Fälle einen runden Federhalter, er liegt besser in der Hand als ein kantiger! Ein Hinweis: Sollten Sie beabsichtigen, später mit dem Federkiel zu schreiben, so gewöhnen Sie sich lieber von Anfang an an einen dünnen Federhalter.

Füllfedern

Anstelle einer einzelnen Feder, die Sie mit einem Federhalter verwenden müssen, können Sie auch das Rotring-Graphossystem anschaffen.

Das Graphossystem besteht aus einem Halter mit einem Tusche-vorratsbehälter, an den auswechselbare Federn einfach anzu-stecken sind – ein gut arbeitendes, zuverlässiges Gerät mit unzähligen Möglichkeiten.

Falls Sie vorwiegend Arbeiten in kleinerem Rahmen mit der Breitfeder zu schreiben wünschen, so ist ein Füllfederhalter aus-reichend.

Platignum, Osmiroid und Sheaffer liefern Systeme mit auswech-selbaren Federn in verschiedenen Breiten für Rechts- und Links-händer. Für Breitfeder-Arbeiten bieten Parker und Sheaffer auch Füller ohne auswechselbare Federn an. Diese sind eigentlich ausschliesslich für gewöhnliche Korrespondenz gedacht – und sie sind nicht besonders billig.

Halten Sie Ihre Federn sauber!

Reinigen und trocknen Sie alle Federn nach Gebrauch sorgfältig. Neue Stahlfedern werden in der Fabrik leicht eingefettet, um sie vor Rost zu schützen. Entfetten Sie sie mit einem Waschmittel, oder halten Sie sie kurz über eine Flamme – aber ohne sie aus-zuglühen!

Die Pflege Ihrer Federn

Durch vielfältigen Gebrauch nützen sich Ihre Federn ab, werden rund und ergeben unscharfe Linien. Sie lassen sich auf einem Abziehstein wieder schleifen.

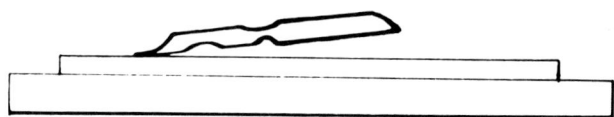

Verwenden Sie dazu ein dünnes Öl als Schmiermittel, z. B. Salat- oder Nähmaschinenöl. Bewegen Sie die Feder-Oberseite mit spitzem Winkel zur Oberfläche des Steines. Schleifen Sie die Feder nicht zu scharf, weil sonst die Ecken oder die Schneid- kante des Meissels die Papieroberfläche aufschneiden statt darüber zu gleiten. Gehen sie äusserst vorsichtig ans Werk, und vergessen Sie nicht, die Feder nach dem Schleifen wieder zu entfetten!

Tusche und Farben

Die Wahl der Tusche ist sehr wichtig. Wir können uns viel Ärger und Enttäuschung sparen, wenn wir nicht irgendein beliebiges Fläschchen Tusche kaufen.
Geeignet ist eine gute Markentusche, die nicht wasserfest ist. Nicht-wasserfeste Tusche fliesst besser als wasserfeste, die dickflüssiger ist und eher die Feder verstopft. Pelikan- und Rotringtusche sind gute nicht-wasserfeste Produkte, die auch in Patronen erhältlich sind. Damit läßt sich die Feder bequemer füllen als mit dem Pinsel.
Die beste Tusche stellt man selbst aus einem Block chinesischer Tusche her. Dazu muss man den Block an einer rauhen Fläche reiben und das Pulver in destilliertem Wasser auflösen.

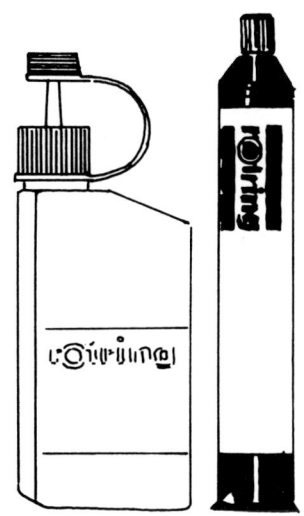

Farbige Tuschen sind für die Kalligraphie ungeeignet, da sie zu wässerig und zu transparent sind. Sie können wohl gelegentlich für Fussnoten und andere kurze Texte nützlich sein.

Für farbige Texte verwenden Sie Wasserfarben in Töpfchen oder Tuben, die Sie mit Wasser verdünnen. Um sie gut deckend zu machen, fügen Sie ein wenig chinesisches Weiss oder Titanweiss zu. Besonders zu empfehlen sind auch die in Tuben erhältlichen Tempera- oder Plakatfarben, die man ebenfalls mit etwas Wasser verdünnen kann. Diese Farben eignen sich auch für grössere Flächen, denn sie trocknen gleichmässig und gut deckend ein.

Wollen Sie längere Texte farbig schreiben, ist es ratsam, genügend Farbe vorzubereiten, denn bei einem neuen Ansatz werden Sie immer Farbabweichungen zum alten feststellen. Bewahren Sie die Farbe in einem sauberen, gut verschliessbaren Fläschchen auf, z. B. in einem leeren Tuschefläschchen, Sie schützen sie so vor dem Austrocknen.

Die Pinsel

Ein Pinsel geringer Qualität, Nr. 1 oder 2, genügt, um die Feder mit Tusche zu versorgen, denn Tusche zerzaust Ihnen den Pinsel ohnehin schnell.
Wenn Sie Ihre kalligraphisch gestalteten Texte noch illuminieren wollen, müssen Sie erstklassige Pinsel mit Marderhaaren verwenden, für feine Arbeiten Nr. 1, für das Ausfüllen von Buchstabenkonturen Nrn. 3 bis 6.

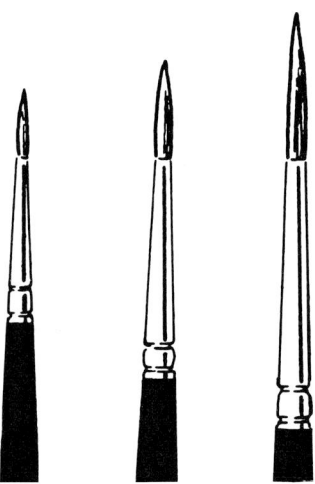

Flecken und Fehler beseitigen

Ohne Zweifel werden Sie einmal einen Flecken machen, auch wenn Sie vorsichtig sind. Bemerken Sie ihn sofort, können Sie ihn mit Fliesspapier aufsaugen, dann mit etwas sauberem Wasser anfeuchten und erneut mit Fliesspapier aufsaugen. Häufig verschwindet er so.
Hilft das nicht weiter, so korrigieren Sie mit einem Radiermesserchen (Skalpell). Auch ein kleines scharfes Taschenmesserchen, das Sie nicht mit der Spitze gebrauchen, leistet gute Dienste, ebenso ein Spezialradiermesser, das in einen Federhalter passt.

Gehen Sie sehr vorsichtig zu Werke, und achten Sie auf die Lauf-
richtung der Papierfasern. Glätten Sie das Papier nach dem
Radieren beispielsweise mit einem Falzbein oder mit einem Fin-
gernagel, der aber nicht fettig sein darf.

Das Papier

Zum Lernen eignet sich unsatiniertes Papier am besten, da es
keinem besonderen Glättungsprozess unterworfen wurde. Vorteilhaft ist weisses Papier ohne Linierung. Sind Sie etwas fortge-
schrittener, bringt ein handgeschöpftes Papier mit einer schönen
gleichmäßigen Oberfläche die Bemühungen Ihrer Schreibkunst
besser zur Geltung.
Wenn sie qualitativ gutes Papier kaufen, sollten Sie darauf achten, dass sich beide Oberflächen verwenden lassen. Ein leicht
satiniertes, mattglänzendes Papier eignet sich zum Beschreiben
am besten. Betrachten Sie das Papier beim Kauf sehr kritisch.
In gewissen Fällen vermag ein gefärbtes Papier Ihrer Kalligraphie ein besonderes Gepräge zu verleihen. Spezielle Vorsicht ist
bei Pergamentimitations-Papier (sogenannter Elefantenhaut)
geboten. Seine Oberfläche muss vor dem Schreiben mit einem
weichen Radiergummi oder mit ganz feinem Bimsstein gleichmässig abgerieben werden, damit die Tusche gut angenommen
wird.

Der Beschreibstoff ist schlecht – was nun?

Ein sorgfältig ausgewähltes Papier lässt sich kaum beschreiben.
Was können wir tun?

Das Papier ist fettig: Die Tusche haftet schlecht auf dem Papier,
gibt keine deutlichen Linien und benetzt die Papieroberfläche

nicht richtig. Reiben Sie die Papieroberfläche vorsichtig mit einem mit Alkohol leicht befeuchteten Schwamm, Lappen oder Wattebausch ab.

Das Papier ist zu glatt: Haben Sie festgestellt, dass das Papier nicht fettig ist und dass die Tusche trotzdem nicht haftet, so reiben Sie die Papieroberfläche in kreisenden Bewegungen mit feinem Bimssteinpulver, bis sie einen samtenen Glanz annimmt. Die Bimssteinpulver-Reste schütteln Sie nachher vom Papier ab und putzen leicht mit einem weichen Stofflappen nach.

Das Papier saugt zuviel auf: Wenn das Papier zu porös ist, wird die Tusche zu stark aufgesogen und Ihre Linien verlaufen wie auf einem Fliesspapier. In diesem Falle können Sie das Papier mit einer Mischung aus feinem Bimssteinpulver und Sandarak (ein tropisches Harz) behandeln. Die Mischung macht das Papier gut beschreibbar.
Führen Sie diese Arbeiten sehr vorsichtig aus, denn Papier ist ein zartes und edles Material.

Das Pergament

Für besondere Zwecke, wie z. B. für Urkunden und andere festliche Dokumente, ist Pergament – hergestellt aus Kalbs- oder Ziegenhäuten – ein gediegener Beschreibstoff. Das Pergament verlangt eine Vorbehandlung, die nicht für beide Seiten gleich ist: Die Haarseite wird mit Bimsstein und Sandarak (ein tropisches Harz) beschreibbar gemacht; die Fleischseite der Haut verlangt mehr Sorgfalt und Erfahrung, weil ein Zuviel an Bimssteinbehandlung die dünnen Haargefässe der Haut aufstellt und dadurch das Schreiben erschwert. Oft ist es besser, nur etwas Sandarak auf die Fleischseite einzureiben, und zwar vorsichtig dosiert.
Die Beschreibbarkeit prüfen Sie in einer Ecke oder auf einem separaten Stück Pergament vor der Oberflächenbehandlung.
Korrekturen auf Pergament müssen immer mit Radiermesser und Bimsstein gemacht werden.

Pergament ist sehr stark von atmosphärischen Einflüssen abhängig. Wird es zu feucht, quillt es auf, wird es aber zu trocken, schrumpft es zusammen und wird unbearbeitbar. In diesem Falle müssen Sie es gut befeuchten, erneut spannen und unter Spannung trocknen lassen.

Skizzieren

Noch zwei Hinweise, bevor wir die ersten Buchstaben schreiben:

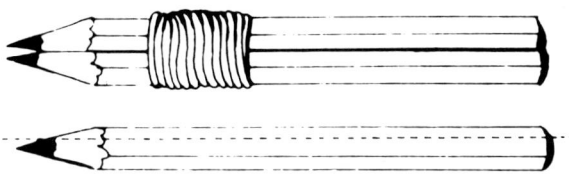

Anhand einer Skizze können Sie den Platzbedarf schätzen und die Form ausprobieren. Dazu binden Sie zwei Bleifstifte zusammen. Wenn die Minen weiter auseinander liegen, als es der Federbreite entspricht, schneiden Sie einen Span entsprechender Dicke von einem Bleistiftschaft ab. So können Sie die Breite Ihrer Feder imitieren und ihre Wirkung im voraus beurteilen.

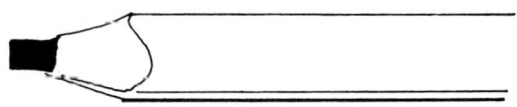

Eine andere Möglichkeit besteht darin, einen Zimmermannsbleistift mit einer Mine 3 bis 6B so zu schleifen, dass er gleich breit schreibt wie Ihre Feder. Sie können diese Mine auch meisselförmig schleifen – eine ausgezeichnete Hilfe, um Buchstaben und Texte zu skizzieren.

Buchstaben formen

Am besten lernt man Form und Konstruktion eines Buchstabens kennen, wenn er aus seinen Elementen aus dem Nichts heraus aufgebaut wird. So machen wir uns gleich mit dem Namen der Elemente bekannt, und Begriffsverwechslungen sind damit von vornherein ausgeschlossen.

Wie setzt sich ein Buchstabe zusammen?

Ein Buchstabe besteht aus einer Kombination von bis zu sechs Elementen.

1. Vertikale, also Linien, die senkrecht von oben nach unten verlaufen, gelegentlich werden sie auch als Stamm oder Schaft bezeichnet.

2. Horizontale, also Linien, die waagrecht von links nach rechts verlaufen, gelegentlich als Balken oder Arme bezeichnet.

3. Verbindungslinien, sie verbinden vertikale und horizontale Linien miteinander.

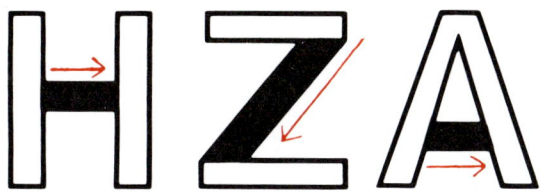

4. Bogen, gebogene Linien oder Kombinationen von gebogenen Linien, die in der Regel mit vertikalen oder horizontalen Linien verbunden sind.

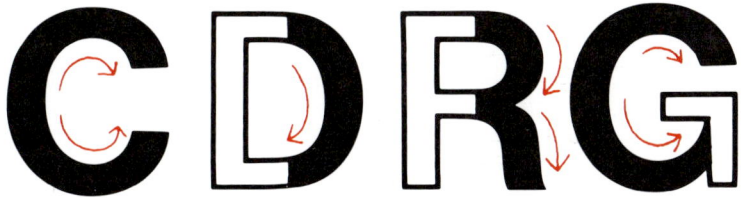

5. Geschlossene runde Form, wie wir sei bei O und Q finden.

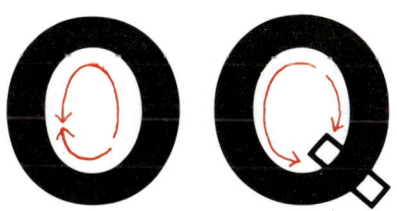

6. Serifen, eine Form, die den Vertikalen, Horizontalen, Verbindungslinien und Bogen als Ansatz oder als Ende angefügt werden. Hat ein Buchstabe diese Beifügung nicht, so nennen wir ihn serifenlos.

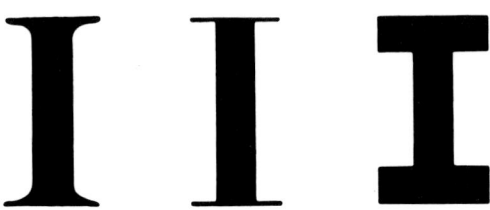

Die Serife kann verschiedene Formen aufweisen, die vom Buchstabencharakter abhängen.
Bei den ursprünglich mit Gänsefeder geschriebenen Buchstaben, bei älteren Druckschriften und den meisten kalligraphischen Buchstaben geht die Serife fliessend in die Vertikale über.
Bei Schriften, die mit Nadeln in Kupferplatten eingraviert sind, werden bewusst – im Gegensatz zu handgeschriebenen Buchstaben – hauchdünne Serifen geritzt.
Bei den Egyptienne-Schrifttypen, die zu Beginn des 19. Jahrhunderts entstanden, sind die Serifen rechteckig; sie wirken dadurch schwer.

Das Verhältnis Grossbuchstaben/Kleinbuchstaben

Grossbuchstaben – oft Majuskeln oder Kapitalis genannt – haben alle die gleiche Höhe.
Kleinbuchstaben – oft Minuskeln genannt – haben immer die x-Höhe, d. h. die Höhe des Buchstabens x. Die Senkrechten der Buchstaben b, d, f, g, h, k und l ragen jedoch über die x-Höhe hinaus, das t in manchen Fällen ebenfalls; g, j, p, q und y reichen bis unterhalb der Basislinie von x.

Ziffern haben meist ganz oder nahezu die Höhe der Grossbuchstaben, bei einigen Typen haben sie aber x-Höhe, wobei dann
einige Ziffern die x-Höhe nach oben und unten überragen.
Ein festes Verhältnis zwischen Gross- und Kleinbuchstaben-
höhen ist schwierig anzugeben; aber ein gebräuchlicher Ausgangspunkt ist etwa der, dass Grossbuchstaben eine Höhe von
achtmal Federbreite und Kleinbuchstaben von fünfmal Federbreite haben.
Runde Buchstaben müssen knapp höher als die x-Höhe sein,
sonst wirken sie kleiner, als die anderen Buchstaben; dies beruht
auf einer optischen Täuschung.

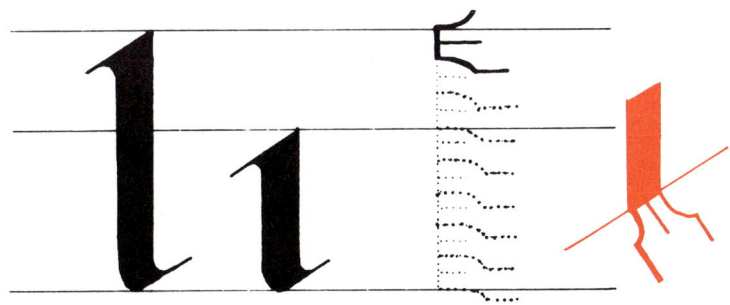

Die Grundformen der Grossbuchstaben
und ihre Zusammensetzung

Die Grundlage zu allen unseren lateinischen Schriftarten liefern
die Grossbuchstaben der römischen Kapitalschrift, wie wir sie
auf der Trajanssäule in Rom antreffen; sie wurde im Jahre 114
n. Chr. eingemeisselt.
Grundformen und Zusammensetzung des Basisalphabets ohne
Serifen sehen wir auf der nächsten Seite.

AAAA

BBBBB

CCC

DDDD

EEEEE

FFFF

GGGGG

HHHHH

II

JJJ

KKKK

LLLL

MMMMM

NNNN

OOO

PPPP

QQQQ

RRRRR

SSSS

TTT

UUU

VVVV

WWWWWW

XXX

YYYYY

ZZZZ

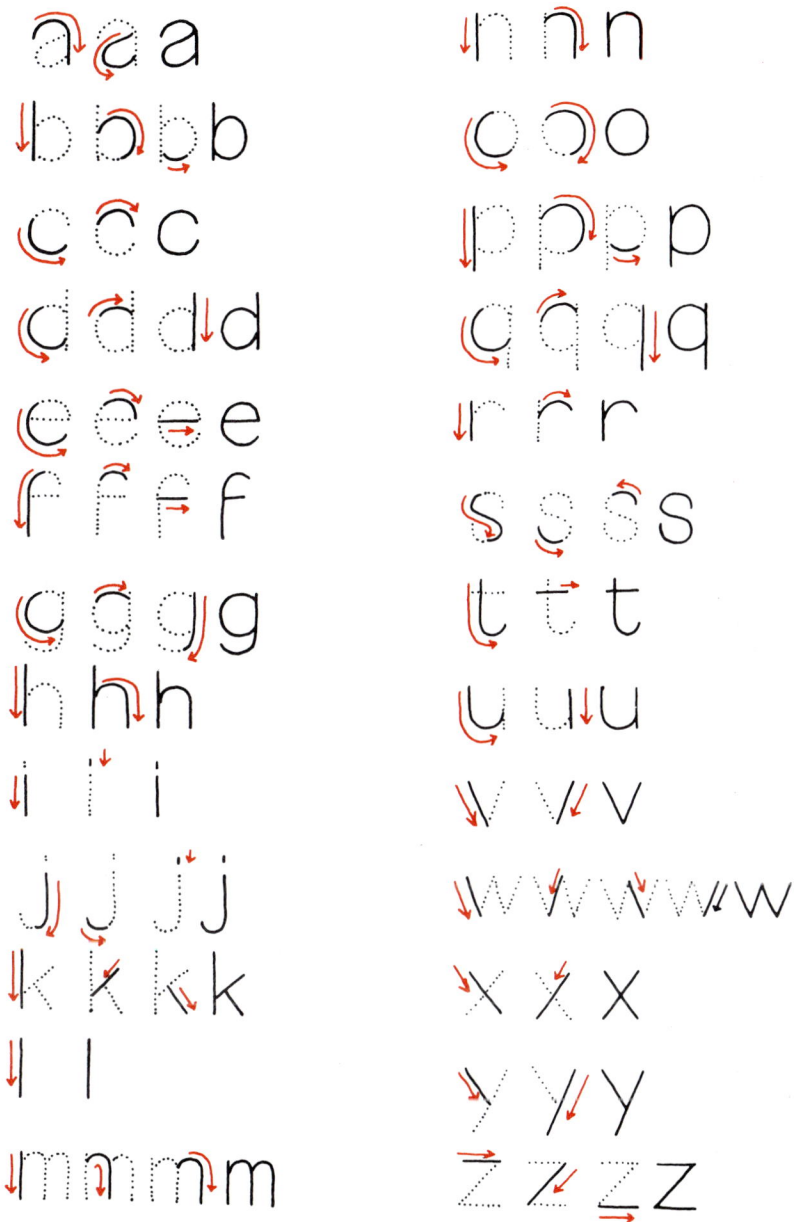

Die Grundformen der Kleinbuchstaben und ihre Zusammensetzung

Auf der Seite 35 sind die Grundformen der Kleinbuchstaben und deren Zusammensetzung aufgezeichnet.
Es ist leicht erkennbar, dass Bogen oft aus Einzelteilen aufgebaut werden. Sie fallen auf diese Weise exakter aus, als wenn wir versuchen, das Ganze in einem einzigen Federzug zu ziehen.

Die Dick-/Dünnverteilung der Gross- und Kleinbuchstaben

Ausgehend von den Grundformen können wir die Dick-/Dünnverteilung vornehmen. Eine Breitfeder tut dies von selbst, aber beim Gebrauch anderer Schreibmittel müssen wir die richtige Verteilung kennen.

Wenn wir die Dick-/Dünnkontraste der Vorbilder betrachten, sieht alles selbstverständlich aus. Doch ist unglaublich, wie oft die Kontraste gerade verkehrt gelegt werden. Die meisten Fehler passieren bei M, N und W.

A	**A**	J	**J**	S	**S**
B	**B**	K	**K**	T	**T**
C	**C**	L	**L**	U	**U**
D	**D**	M	**M**	V	**V**
E	**E**	N	**N**	W	**W**
F	**F**	O	**O**	X	**X**
G	**G**	P	**P**	Y	**Y**
H	**H**	Q	**Q**	Z	**Z**
I	**I**	R	**R**		

Das Anbringen der Serifen

Auf der folgenden Seite sehen Sie, wie die Serifen an die Gross- und Kleinbuchstaben anzusetzen sind.

A A B B C C D D E E
F F G G H H I I J J
K K L L M M N N O
P P Q R R S S T T
U U V V W W X X Y Y
Z Z
a a b b c c d d e
f f g g h h i i j j
k k l l m m n n o
p p q q r r s s t t
u u v v w w x x y y
z z

Aufstriche und Ausläufe zur Verzierung

Um die kalligraphische Gestaltung zu bereichern, können wir die Buchstaben mit Aufstrichen und Ausläufen verzieren. Sie sehen hier sowohl ein Schema für Gross- als auch für Kleinbuchstaben.

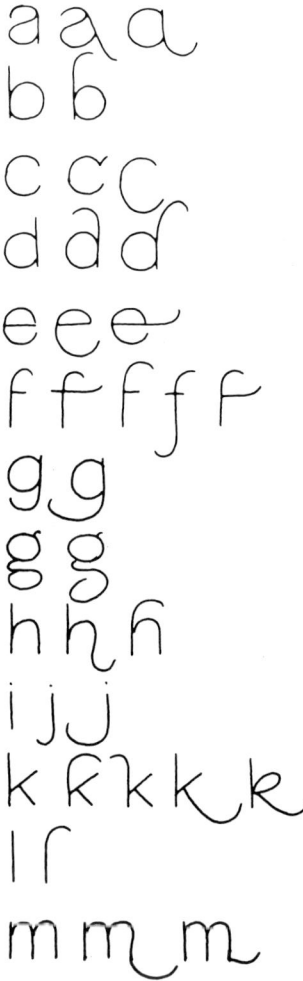

Als Regel muss gelten, dass ein kalligraphischer Text seine Schönheit durch die reine, freie Form der Buchstaben selbst bekommen soll. Aufstriche und Ausläufe an den Buchstaben werden nur angefügt, um den Gesamteindruck des Textes zu vervollkommnen oder um den Blick auf eine Besonderheit zu lenken.

Buchstaben bilden
Wörter und Texte

Zwischenräume verbinden und trennen

Die bisher nur als Einzelelemente betrachteten Buchstaben müssen wir nun miteinander in Verbindung bringen. Dabei fällt uns sofort etwas auf:

MITMANNUNDMAUSUNDKINDUNDKEGEL

Zwischenräume – Abstände – beeinflussen die Lesbarkeit des Textes.

MIT MANN UND MAUS UND KIND UND KEGEL

Die Räume zwischen den Wörtern müssen so sein, dass jedes Wort eine Einheit bildet. Gleichzeitig sollen sie ermöglichen, dass das Auge mühelos von einem Wort zum andern gleitet und bequem liest, d. h. dass die Wortzwischenräume durchschnittlich ein Drittel der Buchstabenhöhe betragen.

Auf Wörtern, fein
getrennt von andern,
kann ohne Pein
das Auge wandern.

Betrachten wir die Zwischenräume der Buchstaben innerhalb eines Wortes, so gelten dieselben Regeln: Jeder Buchstabe muss zu seinem Recht kommen und bequem les- und erkennbar sein. Die gleichmässige Verteilung der Buchstaben in einem Wort ist notwendig, damit sich ein harmonisches Gebilde ergibt. Der „Grauwert" des Wechselspieles zwischen Schwarz und Weiss muss Wort für Wort identisch sein. In seiner Gesamtheit weist ein kalligraphischer Text einen gleichmässigen Tonwert („Grauwert") auf. Das Ganze zeigt, inklusive Zwischenräume, ein ausgewogenes Bild.

Wieviel Buchstabenzwischenraum ist nötig?

Wenn wir Buchstaben, die mit Senkrechten beginnen und enden, nebeneinander setzen, ist der Zwischenraum überall gleich gross.

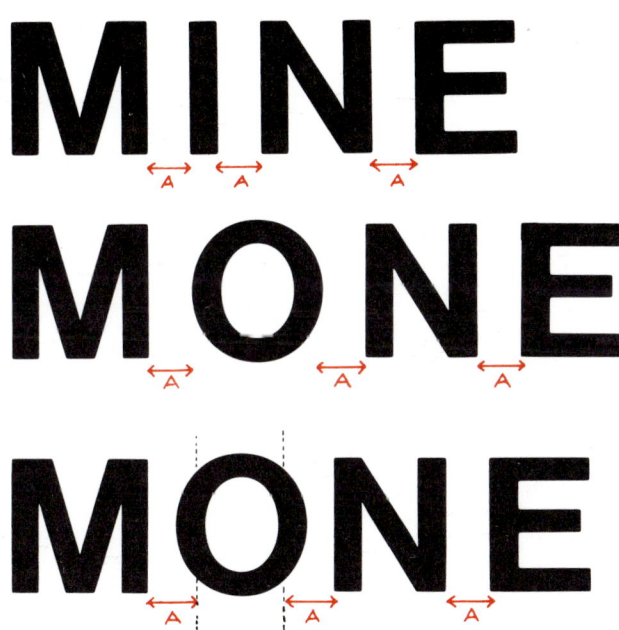

Sobald wir einen Buchstaben dazwischen setzen, der aus Rundungen oder Diagonalen aufgebaut ist, wird die Gleichmässigkeit gestört, und wir müssen die weissen Räume zwischen den Buchstaben ausgleichen.

Wir können uns jeden Buchstaben in einer rechteckigen Fläche vorstellen. Buchstaben, die mit Senkrechten beginnen und enden, füllen ihre Rechteckfläche schön aus. Die aus Rundungen und Diagonalen aufgebauten Buchstaben passen in ein Rechteck, das kleiner ist als die grösste Buchstabenbreite, d. h. solche Buchstaben überragen das Rechteck. Wenn wir nun die Buchstabenabstände nach diesen gedanklichen Rechtecken richten und etwa gleich grosse Abstände der Rechtecke bilden, dann ist die Raumverteilung nicht schlecht.

Allgemeingültige Regeln für die Grösse der Rechtecke gibt es nicht. Die Rechtecke werden bestimmt durch das Schwarze und Weisse in- und ausserhalb der Buchstaben, und das Gleichgewicht liegt bei jeder Schriftart anders. Deshalb sind die Rechtecke gute Lernhilfen; mit der Zeit jedoch setzen wir die Buchstaben von blossem Auge richtig, das Gefühl dafür entwickeln wir rasch.

Praktisch jeder Buchstabe überlappt sein Rechteck, aber die Überlappungen sind nicht identisch. Zudem können wir deutlich sehen, dass bei fünf verschiedenen A auch fünf verschiedene Rechtecke vorhanden sind.

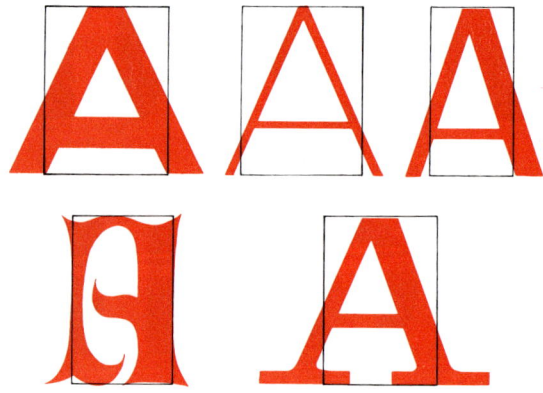

ABCDEF
GHIJKLM
NOPQRS
TUVWX
YZ

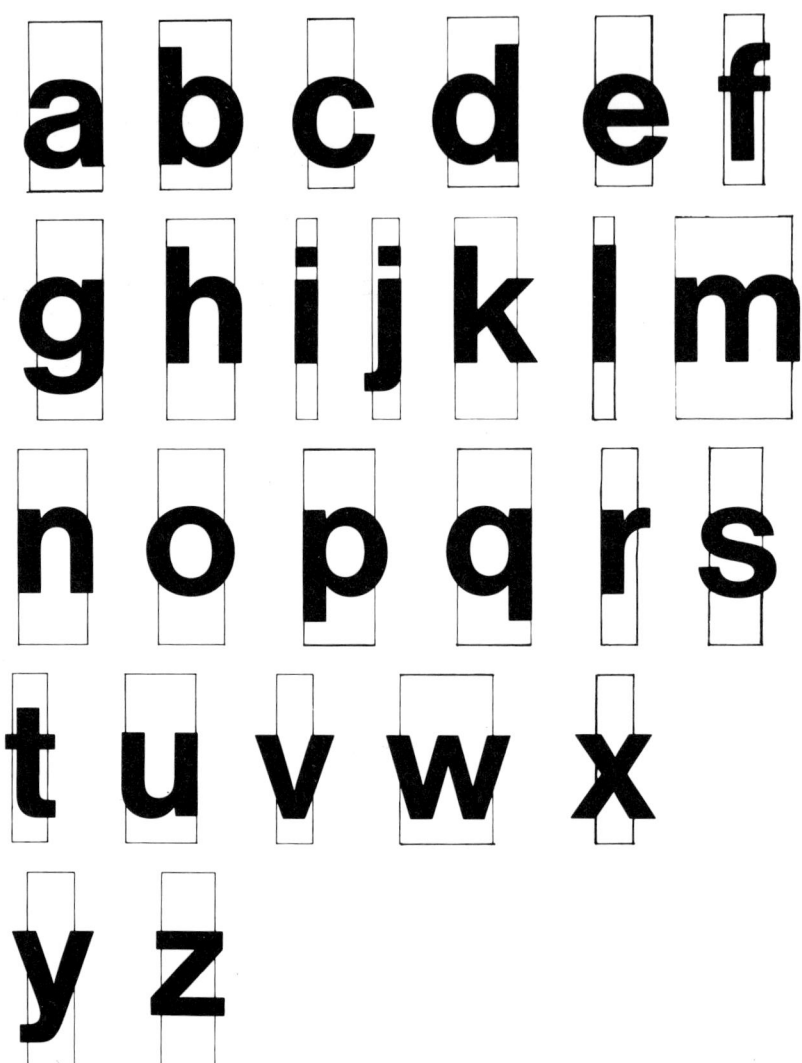

Wollen wir einen Text kalligraphisch gestalten, so ist es wichtig, bei der Platzeinteilung zuerst auf die Abstände achtzugeben. Um nicht auf halbem Weg über den Platzbedarf eines Textes überrascht zu werden, suchen wir eine schwierige Buchstabenkombination.

Skizzieren Sie zuerst die Kombination von A R eines beliebigen Wortes, und achten Sie darauf, dass die weisse Fläche zwischen den Buchstaben des folgenden Textes immer möglichst gleich gross ausfällt. Die Schriftsetzer nennen diese Zwischenräume das „Fleisch" der Buchstaben.

Auf den zwei vorangehenden Seiten haben wir übrigens nicht die richtigen Abstände eingehalten.

Fertigen Sie eine Skizze mit einem weichen Bleistift an, damit Sie sie problemlos verändern können.

Skizze mit unregelmässigen Zwischenräumen

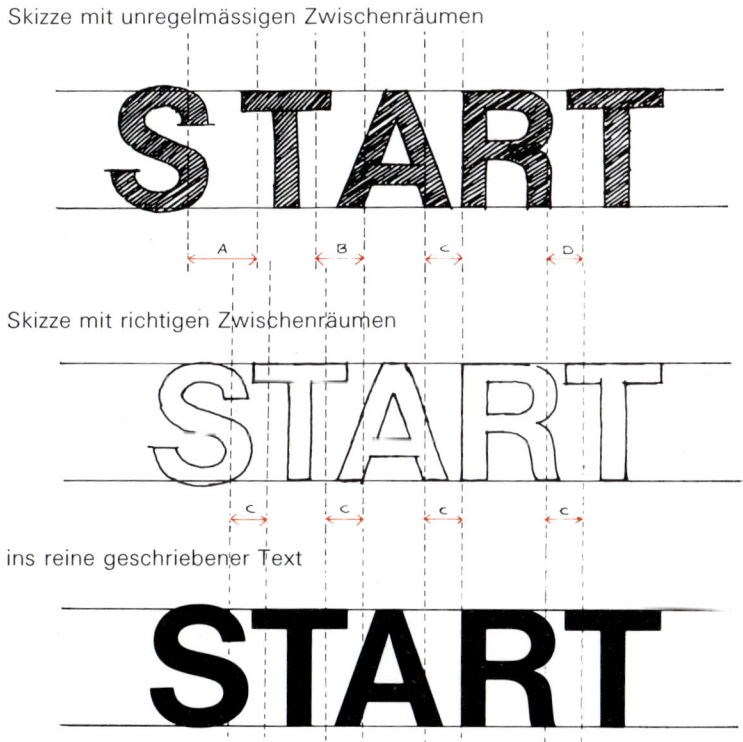

Skizze mit richtigen Zwischenräumen

ins reine geschriebener Text

Wortzwischenräume

Es ist immer vorteilhaft, einen Text mit einem weichen Bleistift zu skizzieren: Einerseits sind wir dann sicher, dass der Text den dafür vorgesehenen Raum ausfüllt, andererseits sehen wir, ob die Wortzwischenräume stimmen. Ein gutes Hilfsmittel für die Gestaltung der Wortzwischenräume ist die Verwendung eines einheitlichen Zeichens, z. B. ∅. Vergessen Sie den Schrägstrich des O nicht, denn sonst kann es vorkommen, dass Sie beim Schreiben mit Tusche dieses Zeichen versehentlich mitschreiben.

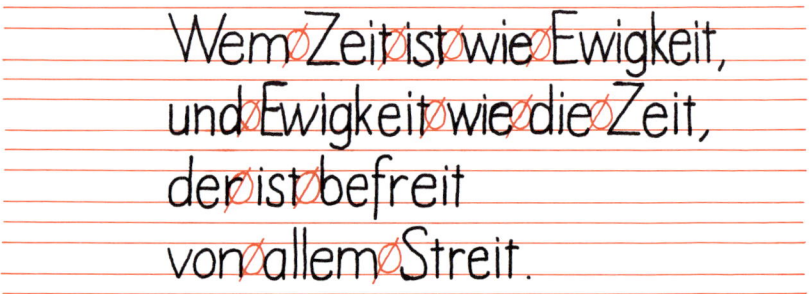

Zeilenabstände

Ein weiterer Zweck der Skizze besteht im Sicherstellen der passenden Zeilenabstände. Sie sollen so sein, dass jede Zeile für sich genügend Platz hat und eine klare Linie bildet, für Ober- und Unterlängen den nötigen Freiraum lässt, aber doch die gewünschte Verbindung zur nächsten Zeile ermöglicht. Im nebenstehenden Beispiel haben wir einen Zeilenabstand von einmal x-Höhe; dieser Abstand trennt und verbindet vollkommen richtig.

48

Wem Zeit ist wie Ewigkeit,
und Ewigkeit wie die Zeit,
der ist befreit
von allem Streit.

Vergrössern wir den Zeilenabstand auf zweimal x-Höhe, so erkennen wir, dass die Zeilen sozusagen auseinanderfallen. Eine x-Höhe kann somit als Grundregel dienen. Später werden wir allerdings feststellen, dass die Zeilenlänge und die Gesamtfläche den idealen Zeilenabstand auch beeinflussen.

Wem Zeit ist wie Ewigkeit,

und Ewigkeit wie die Zeit,

der ist befreit

von allem Streit.

„Gasse"

In einem Text können „Gassen" entstehen, die darauf zurückzuführen sind, dass die weisse Fläche eines Wortzwischenraumes sich bei der nachsten Zeile an derselben Stelle wiederholt und bei der übernächsten nochmals oder leicht verschoben. So entsteht eine weisse, mehr oder weniger sich schlängelnde

„Gasse" im Text, die dem Leser unmittelbar in die Augen springt. Wenn wir realisieren, dass sich in unserem Text eine „Gasse" bildet, müssen wir für Abhilfe sorgen. Vielleicht gelingt es, den Text anders zu gliedern? Ist dies nicht möglich, dämmen wir die „Gasse" mit anderen Mitteln, z. B. mit einer Verzierung am letzten Buchstaben eines Wortes. Oft genügt es aber, die Wortzwischenräume leicht zu reduzieren. Es ist jedoch wichtig, dass das Gesamtbild des Textes seinen gleichmässigen Grauwert beibehält, ungeachtet der Hilfsmittel, die wir einsetzen.

Schau ich von des Hügels Zinnen,
seh' ich viele Bächlein rinnen
hin und her, teils krumm, teils grad
das Land hinaus zum Meer hinab.

Das Schreiben mit der Redisfeder

Die Redisfeder – gelegentlich auch Blockschriftfeder genannt –
wurde vorwiegend in der ersten Hälfte des 20. Jahrhunderts verwendet. Ihre Anwendungsmöglichkeiten sind beschränkt, doch
liegt darin gerade der Grund, dass wir schnell brauchbare Ergebnisse erzielen. Wir lernen dabei eine Anzahl Grundprinzipien
kennen, die uns auch für das Schreiben mit anderen Federn nützlich sind.

Die Redisfeder

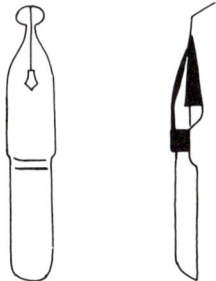

Die Redisfeder weist eine runde Platte als Schreibfläche auf, die
in einem Winkel von etwa 120° zur Federlängsachse steht.

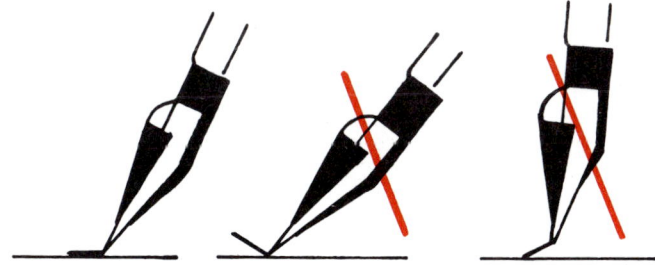

Das runde Plättchen muss beim Schreiben mit seiner ganzen Fläche auf dem Papier gleiten. Nur so lassen sich ohne Kraftaufwand und Mühe gerade und gebogene Linien ziehen. Unter keinen Umständen dürfen wir die Feder verkanten oder drehen. Sie bleibt immer mit ihrer ganzen Fläche auf dem Papier – eine Voraussetzung für gleichmässig breite Linien mit rundem Ansatz und Ende.

Verwenden Sie die Redisfeder immer mit einer Ober- oder Unterfeder oder einer Kombination beider als Tusche-Vorratsbehälter, und füllen Sie diese, wie auf Seite 21 beschrieben.

Wir können die Feder in einen gewöhnlichen Federhalter stekken. Die Federnummern geben die Linienbreite in mm an. Die Numerierung geht von 1/2 bis 5, d. h. es sind Linienbreiten von 0,5 bis 5 mm wählbar.

Die Handhabung der Feder

Der Federhalter wird zwischen Daumen, Zeige- und Mittelfinger gehalten. Der Mittelfinger dient als Auflage, etwa auf der Höhe des Nagels. Der Zeigefinger ist nach vorn gerichtet, der Daumen drückt leicht auf den Federhalter. Die Hand ruht beim Schreiben auf den Seitenflächen des Kleinfingers und der Mittelhand; sie bleibt während des Schreibens in dieser Stellung liegen. Die Schreibbewegungen laufen immer zum Körper hin.

Zu jeder Federbreite eignet sich eine bestimmte mittlere Buchstabenhöhe. In den folgenden Schemata werden die Schrifthöhen zu den normalen Federbreiten angegeben. Dabei wird von einem Grössenverhältnis der Grossbuchstaben zu den Kleinbuchstaben von 8 : 5 ausgegangen. Die Federnummer entspricht der Federbreite.

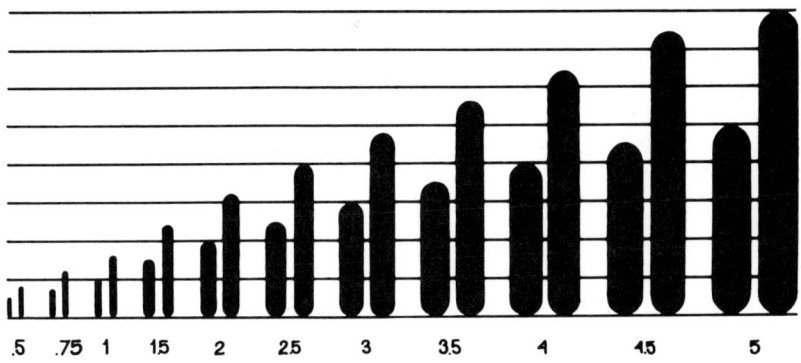

Federnummer	Richthöhe für Kleinbuchstaben (mm)	Richthöhe für Grossbuchstaben (mm)
1/2	2,5	4
3/4	3,75	6
1	5	8
1 1/2	7,5	12
2	10	16
2 1/2	12,5	20
3	15	24
3 1/2	17,5	28
4	20	32
4 1/2	22	36
5	25	40

Vorübungen

Unsere ersten Übungen mit der Redisfeder führen wir mit einer Feder Nr. 2 durch. Die zu übenden Formen sind hier angegeben. Die Linienrichtungen werden durch die danebenstehenden dünnen Pfeile angedeutet.

Das Strichende

Bei unseren Übungen erfahren wir, dass das Linienende nicht schön rund wird, wenn wir das Plättchen vorn an der Feder nicht ganz flach über das Papier ziehen und die Feder nicht rund ist. Wenn wir am Strichende sind, drücken wir die Feder leicht aufs Papier und biegen die Vorderseite des Plättchens ein wenig nach oben; so entsteht ein ideal runder Abschluss der Linie.

Die Grossbuchstaben der Blockschrift

Die hier abgebildeten Vorübungen müssen wir so oft wiederholen, bis wir unsere Hand genügend beherrschen, d. h. bis wir die Linien und Bewegungen gelenkig und exakt ausführen können.
Wenn wir so weit sind, können wir mit dem Alphabet beginnen, und zwar mit den Buchstaben, die aus vertikalen und horizontalen Linien aufgebaut sind. Bei E, F und H dürfen wir die Horizontalen nicht genau in der (geometrischen) Mitte ansetzen, sondern eine Spur höher, in der sogenannt optischen Mitte (wo das Auge meint, es sei die Mitte).

ILFEHTFFF

Haben wir diese Buchstabenformen eingeübt, beginnen wir mit dem Schreiben von Wörtern und geben dabei auf die Buchstabenabstände gut acht (siehe Seite 43). Diese Wörter und weitere Buchstabenkombinationen üben wir, bis wir sie tadellos beherrschen. Die ersten Übungen werden besser ausfallen, wenn wir sie vorher mit Bleistift skizzieren.

HELFT   LIEF

In den Beispielen nehmen E, F und L immer etwas mehr Raum ein als die Hälfte eines Quadrates, H und T drei Viertel eines Quadrates.

Die zweite Gruppe Grossbuchstaben, die wir einüben, besteht aus Zusammensetzungen von Vertikalen, Horizontalen und Diagonalen.

NZMKYX

In dieser Gruppe haben N, Z und X die gleiche Breite: etwas mehr als drei Viertel eines Quadrates. Wir müssen achtgeben, dass die untere Hälfte des X etwas breiter wird als die obere. K und Y haben die Breite von zwei Dritteln eines Quadrates, M hat die volle Breite des Quadrates.

Wir können nun die Buchstaben dieser Gruppe mit denjenigen der vorangehenden zu Wörtern zusammenstellen und üben, bis wir auch die Verhältnisse dieser Kombinationen gut beherrschen.

Die folgende Buchstabengruppe beruht auf der Form des Dreiecks. A und V sind zwei Drittel eines Quadrates breit, W nimmt das ganze Quadrat ein.

AVW

Diese Gruppe – aufgebaut aus Vertikalen und Bogen – umfasst D, J, U, P, R und B. Wir haben ihr noch das S beigefügt, weil es auch aus Bogen besteht. Das J passt in ein halbes Quadrat, D und R passen wie B und U in zwei Drittel des Quadrates, P ist etwas schmaler. Auch das S ist zwei Drittel des Quadrates breit.

DJUPBRS

Als letzte auf einer Kreisform basierende Gruppe kommen die Buchstaben O, C, G und Q. O und Q setzen wir aus zwei halbrunden Bogen zusammen, die exakt aufeinander passen, zuerst links und dann rechts; beim Q fügen wir einen Schrägstrich an. Die Buchstaben der kreisförmigen Serie passen natürlich in das Quadrat.

Gesetzmässigkeiten

Wir haben nun alle Buchstaben des Alphabets im passenden Höhe-/Breite-Verhältnis erarbeitet. Als Vorlage diente uns die römische Kapitalschrift auf der Trajanssäule. Diese Buchstaben sind die Basis unseres Alphabets. Wir können sie breiter oder schmaler schreiben, aber die proportionalen Verhältnisse müssen immer gewahrt bleiben. Wenn wir beispielsweise das M bei einer Höhe von 15 mm von 15 mm auf 20 mm verbreitern, dann müssen auch die anderen Buchstaben im gleichen Verhältnis breiter werden, also z. B. auch das K um ein Drittel.

Diese Regel gilt für alle Buchstaben.

Üben Sie viel – zuerst auf billigem Pack- oder Ausschusspapier – bevor Sie weisses, unliniertes Papier verwenden. Die Hilfslinien ziehen Sie mit Bleistift: die x-Höhe, die Grossbuchstabenhöhe, für die Ober- und Unterlängen der Kleinbuchstaben und der Zeilenabstände.
Üben Sie nicht nur mit der Federbreite von 2 mm, sondern auch mit anderen Breiten. Wählen wir eine andere Federbreite, so ändert sich selbstverständlich auch das Bild der Hilfslinien. Das Wechseln der Federbreite schult auch unser Gefühl für das ideale Verhältnis zwischen Buchstabenhöhe und Zeilenabstand. Wir entwickeln unser Beurteilungsvermögen für die Formgebung. Es ist auch wichtig, dass wir Texte schreiben und nicht bloss ein paar Worte, denn wir wollen die Schreibkunst erlernen. Wir sollten auch – wenn wir einmal verschiedene Schreibstile beherrschen – erkennen können, dass jeder Text nach einer passenden Schrift verlangt.

Für das Schreiben der Kleinbuchstaben beginnen wir wiederum mit der Federbreite 2 mm. Das bedeutet, dass die zugehörigen Grossbuchstaben 15 mm hoch sein müssen. Wie hoch sollen die Kleinbuchstaben sein? Sie werden 5/8 von 15 mm, also etwa 9,5 mm hoch; der Einfachheit halber können wir auch 10 mm nehmen. Für die Ober- und Unterlängen ziehen wir Hilfslinien; ihr Abstand von den anderen Hilfslinien beträgt die halbe Buchstabenhöhe, also in unserem Falle 4,75 mm – wir nehmen 4 mm.

Ein Grossteil der Kleinbuchstaben hat als Grundform den Kreis oder einen Teil des Kreises. Das o, c, a, e, b, d, q, g und p sind eindeutig auf der Kreisform aufgebaut; wir ziehen sie selbstverständlich freihändig. Bei a, g, d, p und q wird zuerst der Kreisbogen gezogen, dann wird die senkrechte Linie so angesetzt, dass sie den Kreis zu einem guten Teil bedeckt.

Bei der folgenden Serie Kleinbuchstaben, bestehend aus r, n, m und h wächst der Bogen in schön rundem Verlauf aus der Senkrechten heraus, d. h. er soll nicht „angeklebt" wirken.

58

rnmh rrr

Auch bei den nachstehenden Buchstaben soll die Senkrechte schön fliessend in den Bogen übergehen. Die Höhe des t ist kleiner als die der übrigen Kleinbuchstaben mit Oberlängen.

f t j

Bleiben uns noch die Buchstaben, die aus geraden Linien bestehen: k, v, w, x, y, l und z, die im Prinzip gleich zu schreiben sind wie die Grossbuchstaben.

kvwxylz

12345
67890

Nun haben wir die Gross- und Kleinbuchstaben geübt; übrig bleiben nur noch Ziffern und Satzzeichen. Die Schreibweise der Ziffern sollte uns dank unserer Schreiberfahrung keine besondere Mühe mehr bereiten, so dass wir sie selbst einüben können.

ABCDEFG
HIJKLMN
OPQRSTU
VWXYZ
abcdefgh
ijklmnopq
rstuvwxy
z 12345678
90 .,!?

Die Höhe der Ziffern hingegen ist schwierig zu gestalten. Schreiben wir sie gleich hoch wie die Grossbuchstaben, passen sie zur Schrift, wirken aber im Text wie ein Block. Üblicherweise wird die Ziffernhöhe etwa zwischen der Höhe des t und derjenigen der Kleinbuchstaben mit normaler Oberlänge gewählt. Als Variante können auch die 6 nach oben die 7 und 9 nach unten herausragen.

Als letzte Elemente bleiben uns noch die Satzzeichen.

Die kursive Blockschrift

Wenn wir die Blockschrift schräg schreiben, erhalten wir eine sogenannte Kursivschrift. Für die kursive Blockschrift ist ein Neigungswinkel von 85° angebracht. [Die technische Normschrift hat einen Neigungswinkel von 75°; aber dieser Winkel entspricht einer schräggestellten Kurrentschrift (zusammenhängende Schrift).]
Selbstverständlich werden bei der Kursivschrift die runden Formen der römischen Schrift verändert, d. h. die Kreise werden zu Ovalen. Auch die anderen nicht runden Buchstaben passen ihre Breite im gleichen Verhältnis an.

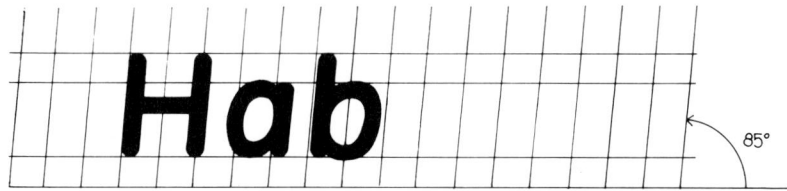

ABCDEFG
HIJKLMNO
PQRSTUV
WXYZ
abcdefghij
klmnopqrs
tuvwxyz
1234567890
.,!?

Auf der Seite 62 finden wir ein Beispiel einer kursiven Blockschrift. Dank unserer Erfahrung in der römischen Schrift sollte es
uns ein Leichtes sein, mit der kursiven Schrift zurechtzukommen.
Üben Sie zuerst mit um 85° schräg verlaufenden Hilfslinien, um
die Neigung dieser Schrift in die Hand zu bekommen. Am
Anfang dürfte es beim Schreiben der Ovale im richtigen
Neigungswinkel einige Probleme geben.

Ein kurzer geschichtlicher Abriss

Die Blockschrift entstand in den zwanziger Jahren, in der Zeit der
neuen Stilrichtung, die mit einfachen, klaren Linien von den
Schnörkeln und Schwülstigkeiten des Jugendstils wegkommen
wollte. Die Künstler jener Zeit suchten sich von den Einflüssen
der Klassik und Romantik zu lösen; sie fanden diese Skelettform;
sie wurde sehr rasch zur Architektenschrift, sauber ausgeführt
mit Schablonen und tagtäglich gebraucht. Auch im Unterrichts-
wesen beschäftigte man sich zusehends mit der Ausarbeitung
von Normenblättern, die auf der Blockschrift basierten.

ABCDEFGHIJKLM
NOPQRSTUVWXY
Z1234567890?!

Aus kalligraphischer Sicht betrachtet erscheint die Blockschrift
als armselige Schriftform. Der Nutzen dieser Feder- und Schreibtechnik besteht darin, dass wir uns angewöhnen können, mit
wenig Druck eine Feder zu führen. Darüberhinaus lässt sich mit
der Redisfeder die Grundlage für die Groteskschrift erarbei-

ten, die wir gleich anschliessend betrachten werden. In der freien Schriftform gibt es auch Möglichkeiten für diese Feder, deren Anwendung wir hauptsächlich auf dem Gebiet der Reklameschriften sehen.

Die Blockschrift als Basis für die Grotesk

Als Grotesk bezeichnen wir die Buchstabenformen, die überall die gleiche Strichdicke aufweisen und keine Serifen besitzen. Die Bezeichnung „Grotesk" entstand in der ersten Hälfte des 19. Jahrhunderts. Sie wirkt hier verwirrend, denn in der Kunst wird darunter etwas ganz anderes verstanden, nämlich Verzierungen von launenhafter, phantastischer Art. Gegenwärtig ist der Sammelbegriff „lineare Antiqua" üblich; dieser trifft den Charakter solcher Schriften besser. Eine Antiqua ist eine Schrift, die auf der römischen Schriftform basiert.

Die lineare Antiqua ist einfach zu handhaben: Man schreibt den Text zuerst mit der Redisfeder und zeichnet dann die Rundungen der Linienanfänge und -enden mit einer Spitz- oder Zeichenfeder eckig vor und füllt mit einem Pinsel oder einer Feder die weissen Flächen aus. Müssen die Buchstaben grösser und dicker sein als die grösste Redisfeder dies ermöglicht, so brauchen wir die Hilfe eines Dreiecks und eines Zirkels. In diesem Falle fertigen wir zuerst eine Bleistiftskizze an, die wir mit der Spitz- oder Zeichenfeder nachziehen und schliesslich mit einem Pinsel oder einer Feder ausfüllen.

Die lineare Antiqua

Zuerst betrachten wir die Grossbuchstaben und einen Teil der Ziffern und Satzzeichen der linearen römischen Antiqua, dann die Kleinbuchstaben und den Rest der Ziffern und Satzzeichen und schliesslich dasselbe kursiv. Um die Berechnung der gegenseitigen Verhältnisse zu erleichtern, zeigen wir jeden Buchstaben in einem Quadrat, das in vier Teile aufgeteilt ist.
Was können wir tun, um die lineare Antiqua weicher und eleganter zu machen? Wir lösen uns – wie die Beispiele zeigen – von der strikten Gleichmässigkeit der Strichdicke und schnüren die Linien gegen die Mitte zu etwas ein. Eine andere Möglichkeit ist die Veränderung des Dickenverhältnisses. Wenn wir das Verhältnis von 1 : 1 zwischen den Linien in ein Verhältnis von z. B. 5 : 4 (1 : 0,8) abändern, wirkt der gleiche Buchstabe viel sympathischer.

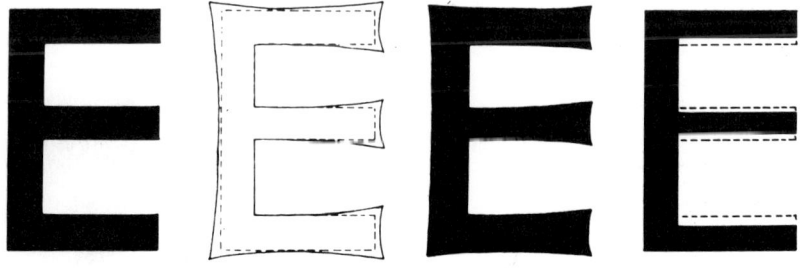

Selbstverständlich wissen wir, wie das Dick-/Dünnverhältnis der Buchstaben verteilt werden muss; trotzdem zeigen wir, was geschieht, wenn wir die Verteilung falsch vornehmen.

EOM

A B C D E

F G H I J

K L M N O

P Q R S T

U V W X Y

Z . , ! ?

1 2 3 4 5

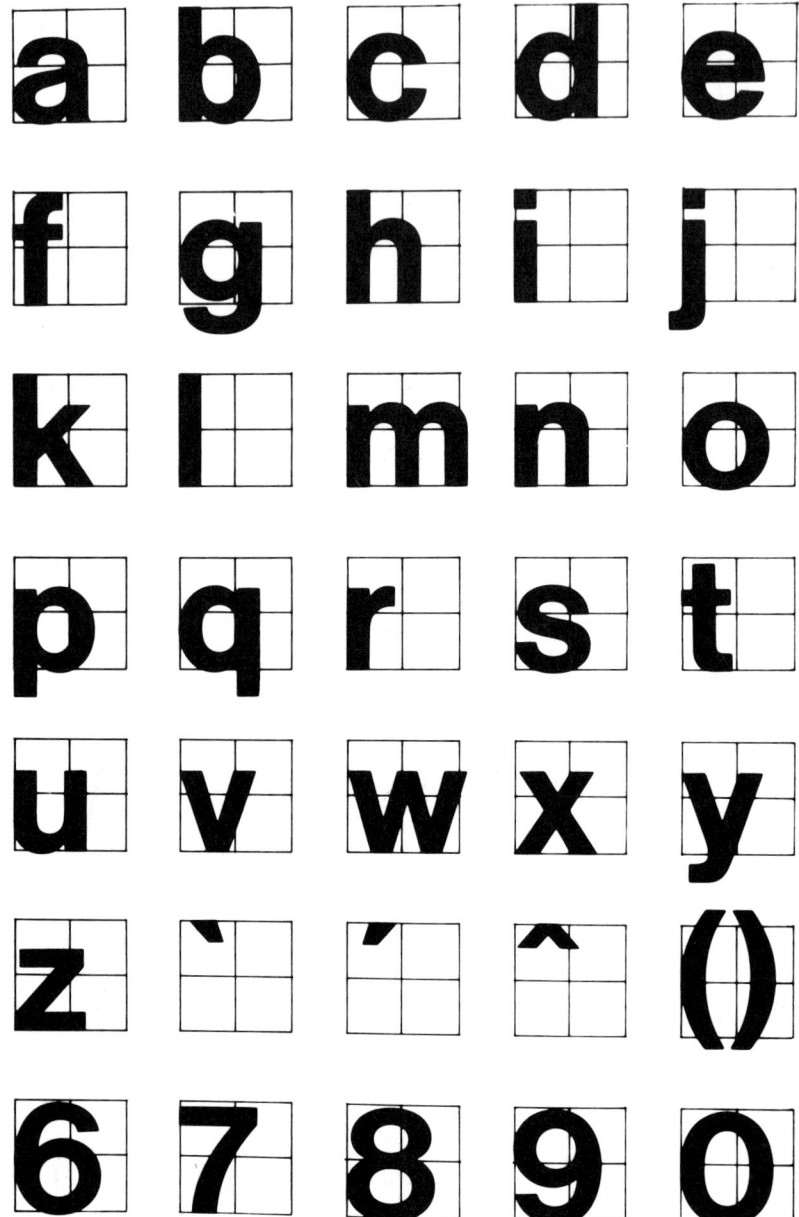

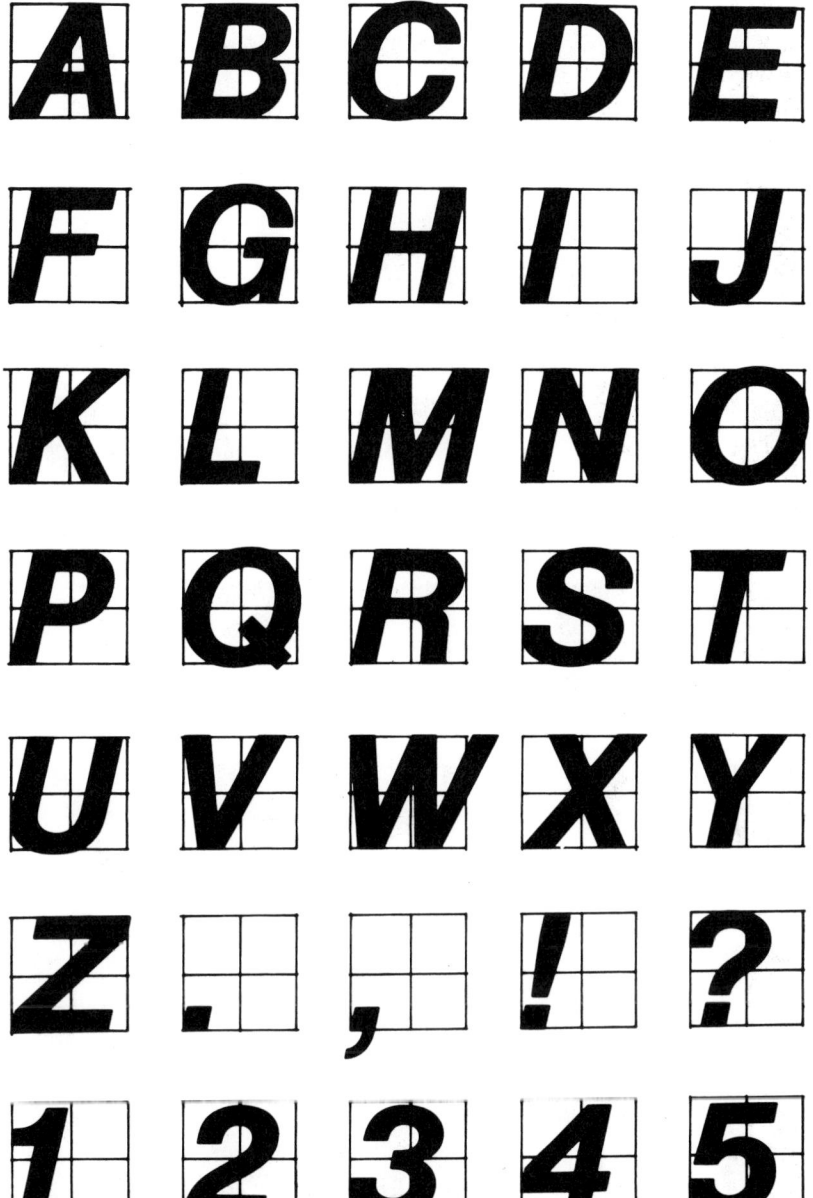

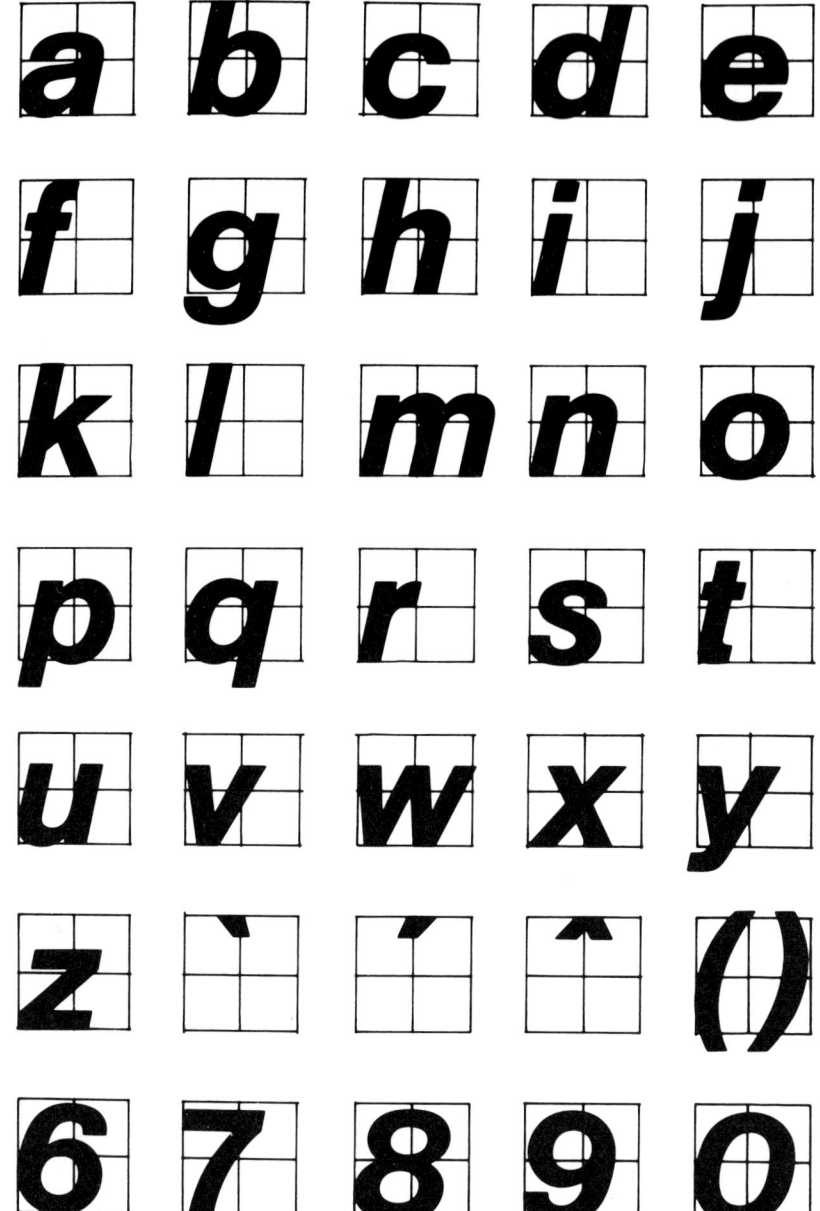

Das Schreiben mit der Breitfeder

Eigentlich ist die Breitfeder nichts anderes als eine modernisierte Gänsefeder, die an der Wiege unserer Schrift stand. Die ältesten geschriebenen Texte der abendländischen Kultur stammen aus den Anfängen unserer Zeitrechnung. Sie wurden mit Schilfrohr oder Gänsefeder geschrieben; letztere blieb das einzige Schreibmittel durch alle früheren Jahrhunderte. Die Stahlfeder wurde etwa um 1820 erfunden, sie übernahm allmählich die Funktion des Federkiels.
Ein Schilfrohr oder ein Federkiel wurde wie folgt zugeschnitten:

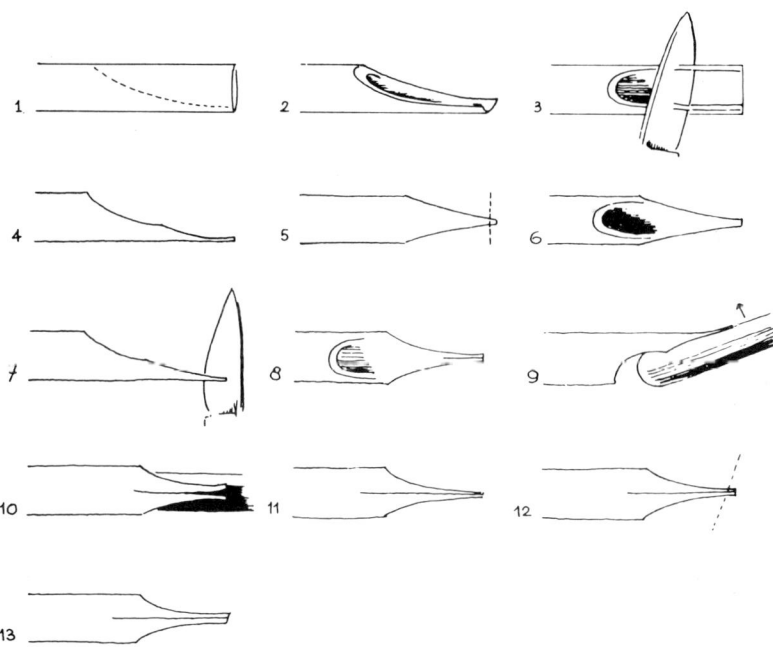

Vergleichen wir die zum Schreiben geeignete Gänsefeder mit unserer Breitfeder, so sehen wir, dass beide ungefähr die gleiche Form besitzen.

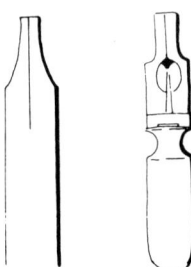

Aber wir sind mit unserer Stahlfeder insofern besser dran, als wir sie nicht selbst zuschneiden und auch nicht nachschneiden müssen, wenn wir eine Zeitlang damit geschrieben haben. Eine Gänsefeder nützt sich im Gegensatz dazu rasch ab. Zudem brauchen wir nicht eine ganze Anzahl Federn verschiedener Breite anzufertigen, unsere Federn sind in klaren Breiten von 0,8 bis 10 mm erhältlich. Wir haben auch keine Streifchen zuzuschneiden und zu biegen, um sie in das Federrohr zu stecken, damit wir ein Tuschereservoir erhalten – wir schieben nur die Überfeder über unsere Schreibfeder und sie ist zum Gebrauch bereit.
Anmerkung des Übersetzers: Die aufgezählten Nachteile des Gänsekiels werden aber beim Schreiben mehr alş wettgemacht: Er ist viel elastischer und geschmeidiger und lässt die schreibende Hand die Oberfläche des Papiers oder Pergaments deutlich fühlen. Dadurch wirkt die Schrift viel eleganter und nicht so hart und knöchern wie die Schrift der Stahlfeder.
Auf Seite 18 wurde auf die Vorteile der Breitfeder deutlich hingewiesen; nämlich: die unterschiedlichen Linienbreiten, die wir mit einer einzigen Feder zustandebringen.
Zuerst gilt es zu wissen, wie die Feder zu führen ist und welche Möglichkeiten sich damit bieten.

Wir nehmen eine Feder mit gerade (rechtwinklig) geschnittenem Meissel, eine Nr. 2 (2 mm breit), stecken sie gut in den Federhalter und schieben die Überfeder darüber. Dann füllen wir mit einem Pinselchen das Tuschereservoir. Auf einem Probeblatt prüfen wir, ob die Tusche gut fliesst und ziehen ein paar Linien; das genügt.

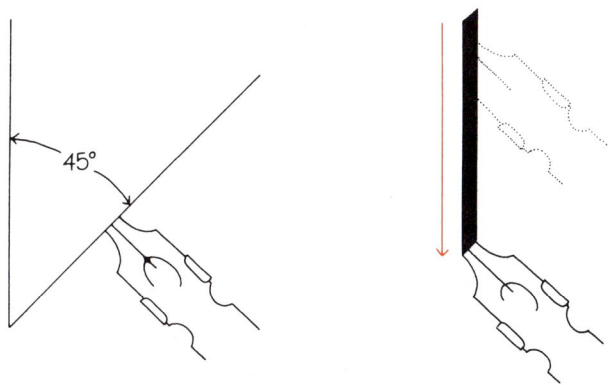

Halten Sie die Feder so, dass das obere Ende des Federhalters gegen die Mitte des Oberarms zeigt. Die Schreibkante der Feder soll etwa in einem Winkel von 45° schräg liegen. Mit dieser Federhaltung ziehen wir einen Strich senkrecht von oben nach unten, wobei wir achtgeben, dass der Winkel der Feder nicht verändert wird, damit der Strich auf der ganzen Länge gleich dick wird.

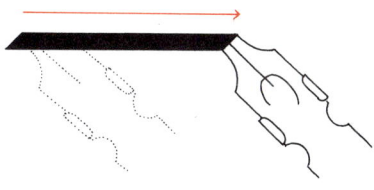

Nun ziehen wir einen Strich waagrecht, die Federhaltung immer noch im gleichen Winkel.

Dann ziehen wir – bei gleichem Federwinkel – einen Strich im Winkel von 45° von rechts oben nach links unten. Der Strich sollte haardünn sein.

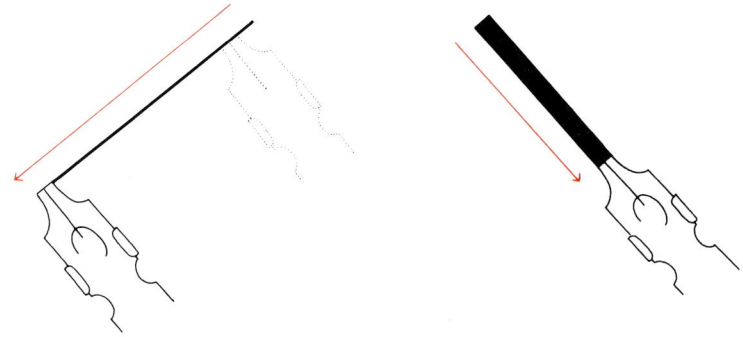

Ziehen wir nun den Strich gegengleich, also von links oben nach rechts unten, erscheint er in voller Federbreite.

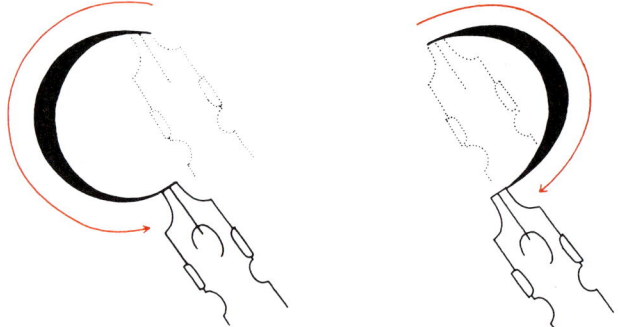

Die Bogenlinie beginnen wir oben und führen den Bogen im Gegenuhrzeigersinn linksherum abwärts. Wenn wir die Feder richtig halten, verläuft die Strichdicke von dünn nach dick und wieder nach dünn. Dasselbe führen wir auch in der Gegenrichtung aus. Im Anfang mag es etwas enttäuschend sein, dass die Linien nicht perfekt aussehen, die Geraden nicht schnurgerade werden und die Bögen nur mit grösster Mühe ihre Form kriegen; das ist eine Frage des Übens.

74

Unsere zittrigen Linien sind die Folge mangelnder Handfertigkeit, fehlenden Selbstvertrauens und innerer Unruhe. Eine der Ursachen des kläglichen Resultates kann darin liegen, dass wir zuviel Druck auf die Feder ausüben. Es ist falsch zu glauben, man müsse die Feder fest in der Hand halten – gerade das Gegenteil ist richtig! Atmen Sie gleichmässig, halten Sie den Atem beim Schreiben nicht an. Auch wenn wir zu sorgfältig arbeiten und die Striche ganz langsam ziehen, werden sie zittrig. Zu schnelles Arbeiten hingegen lässt die Formen unexakt werden. Suchen Sie den goldenen Mittelweg!

Hier sind ein paar Übungen mit kürzeren und längeren Strichen, mit kleineren und grösseren Bögen. Stellen Sie selbst solche Übungen zusammen, wobei lange und kurze Striche mit gebogenen Linien abwechseln. Bald spüren Sie den Fortschritt – es geht schneller und beherrschter. Auch hier gilt: Übung macht den Meister!

Ein paar Formen, denen wir regelmässig begegnen: kurze kräftige Linien.

Der nächste Schritt führt uns zu ornamentalen Linien. Neben den hier aufgeführten Beispielen sind natürlich auch andere Varianten denkbar. Versuchen Sie, sie möglichst sorgfältig zwischen zwei Bleistift-Hilfslinien zu ziehen.

Die Breitfeder-Antiqua

Für die ersten Buchstaben mit der Breitfeder wählen wir eine
Feder Nr. 2,5 und ziehen Bleistift-Hilfslinien im Abstand von
1,5 cm.
Dann beginnen wir mit Grossbuchstaben, die aus vertikalen und
horizontalen Linien zusammengesetzt sind. Dazu halten wir die
Feder in einem Winkel von 40°.

ILFEHT

Anschliessend schreiben wir die Buchstaben mit schrägen und
vertikalen Linien.

AVWMN
KXYZ

Schliesslich folgen die gebogenen und runden Formen. Wenn
wir das Alphabet in dieser Reihenfolge eingeübt haben, wiederholen wir es mit anderen Federbreiten und Buchstabenhöhen.

OQCGD
PBRSJU

Das Zusammenfügen der Grossbuchstaben aus einzelnen Linien erklärten wir auf Seite 34. Hier gelten für die Grundformen die gleichen Regeln. Wenn Sie die Buchstaben aus einzelnen Teilen zusammensetzen, haben Sie die Formen besser im Griff. Schreiben wir die Buchstaben in einem Zug, leidet die Form darunter, weil die Feder mit uns „durchbrennen" will.

Der Einfachheit halber geben wir für alle Grossbuchstaben hier nochmals die Schreibrichtung der Einzelteile an:

Für die dazugehörigen Kleinbuchstaben ziehen wir Hilfslinien für die x-Höhe auf 10 mm. Für die Ober- und Unterlängen von b, d, f, g, h, j, k, l, p und y ziehen wir Linien, die 4 mm über bzw. unter den x-Linien liegen, also nicht auf der Höhe der Grossbuchstaben. Würden wir die Oberlängen auf die Höhe der Grossbuchstaben ziehen, schienen uns die betreffenden Kleinbuchstaben im Verhältnis zu den Grossbuchstaben zu hoch. Zwischen den x-Höhen zweier Zeilen soll mindestens eine x-Höhe Abstand sein. In unserem Beispiel haben wir zwei x-Höhen Abstand.

Wir zeigen hier die Buchstaben in alphabetischer Reihenfolge. Es ist aber ratsam, zuerst die Buchstaben mit geraden, dann die mit schrägen Linien einzuüben und erst am Schluss jene mit Rundungen. Bei h, n, m und r soll der Bogen in fliessender Linie aus der Senkrechten herausragen. Bei a, d, g, p und q wird – wie bei der Redisfeder – zuerst die runde Form geschrieben, dann die Senkrechte darübergelegt.

Im Beispiel zeigen wir drei verschiedene a-Formen, wie sie in den Alphabeten verschiedener Schriften vorkommen; sie sind aus diesem Basisalphabet abgeleitet.
Die Federstellung bleibt – wie bei den Grossbuchstaben – auf 40°.

Üben Sie auch die Kleinbuchstaben mit verschiedenen Federbreiten und Buchstabenhöhen. Wir brauchen selbstverständlich nicht Einzelbuchstaben zu schreiben. In Form eines Spruches oder Gedichtes macht uns die Arbeit viel mehr Spass. Die fertigen Texte können miteinander verglichen werden, zudem lassen sich Grossbuchstaben gemeinsam mit den zugehörigen Kleinbuchstaben einüben.

Schreiben wir einen Text, müssen wir daran denken, die Buchstaben nicht zu weit auseinanderzusetzen. Durch das dichte Aneinanderfügen von Buchstaben formen wir klare Wörter und mit Zwischenräumen, die nicht zu gross sind, deutliche Sätze (siehe Seiten 42 bis 50).

aaabcdef

ghijklmno

pqrstuv

wxyz.,-!?

1234 5678

90

Die klassische Antiqua
oder Capitalis monumentalis

Die Formen und Proportionen dieser Buchstaben dienten vielen anderen Schriften als ideale Vorbilder.
Welches ist der Ursprung der Antiqua? In ihrer perfektesten Form sehen wir sie auf einer Marmorplatte im Format von 110 x 270 cm am Fusse der Trajanssäule in Rom. Die Buchstaben sind mit Serifen versehen, so wie sie auch die geschriebenen und gemalten Texte aus jener Zeit aufweisen. Dies lässt vermuten, dass der Bildhauer nach einer Vorlage gearbeitet hatte, die mit Gänsefeder geschrieben war.

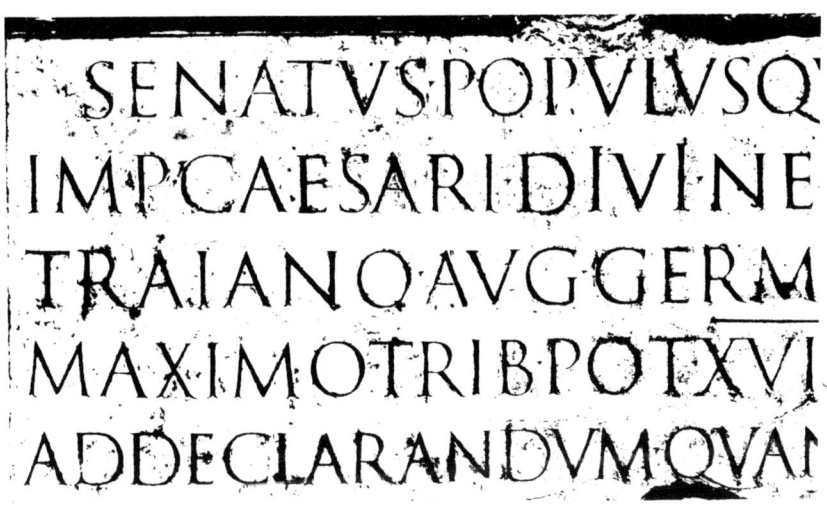

Das Alphabet ist nicht komplett. Im römischen (lateinischen) Alphabet kommen die Buchstaben J, U und W nicht vor, und im Text auf der Trajanssäule wurden H, K, Y und Z nicht verwendet. Im Laufe der Zeit aber haben sich zahllose Schriftentwerfer damit beschäftigt, die Formen der fehlenden Buchstaben zu konstruieren, so dass das Alphabet nun vervollständigt vor uns liegt.

81

ABCD

EFGI

LMN

OPQR

STVX

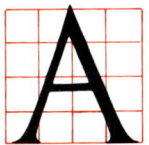

Das A füllt ungefähr drei Viertel des Quadrates; der Winkel zwischen den Schenkeln beträgt 43°, und der Querbalken liegt auf 3/5-Höhe von oben gemessen, also etwas unter der Mitte.

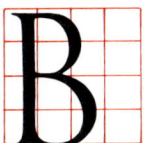

Das B füllt die Hälfte des Quadrates; der Querbalken liegt knapp oberhalb der Mitte, und der untere Bogen biegt sich am Eintritt in die Senkrechte leicht nach oben.

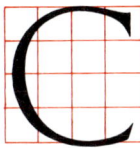

Das C füllt beinahe das ganze Quadrat aus; der Kreisbogen umfasst 270°, also drei Viertel eines vollen Kreises. Oben und unten wird die Begrenzung des Quadrates um die halbe Strichdicke überragt.

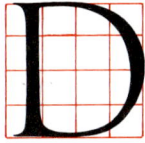

Das D füllt beinahe das ganze Quadrat; der Bogen schliesst oben und unten in fliessendem Übergang an die Senkrechte an.

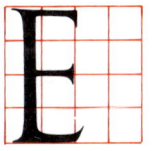

Das E reicht etwas über die Mitte des Quadrates; der mittlere Balken liegt knapp um Strichdicke über der Mitte, und der unterste Balken ist am Ansatz der Senkrechten leicht nach unten gerichtet, gegen das Ende zu etwas nach oben.

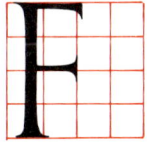

Das F füllt das halbe Quadrat; der untere Balken liegt wie beim E knapp um Strichdicke oberhalb der Mitte.

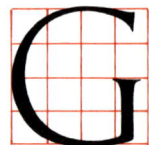

Das G füllt beinahe das Quadrat aus; die Aussenlinie basiert auf dem Kreis, das innere Oval ist etwas nach links geneigt, die senkrechte Linie führt bis zur halben Höhe. Oben und unten wird die Begrenzung des Quadrates um knapp die halbe Strichdicke überragt.

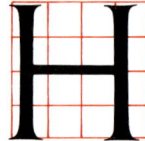

Das H – einer der im Original fehlenden Buchstaben – hat seinen Querbalken knapp um Strichdicke über der Mitte liegend und ist mit den Serifen gleich breit wie das Quadrat.

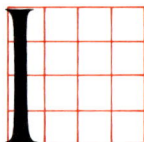

Das I gibt uns Gelegenheit darauf hinzuweisen, dass die Linienbreite der dicken Linien 1/10 der Buchstabenhöhe ausmacht, diejenige der dünnen Linien etwa die Hälfte der dicken.

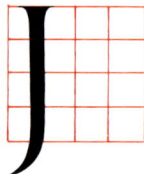

Das J entwickelte sich etwa im 15. Jahrhundert aus dem I. Es wurde also auch erst später in das Alphabet eingefügt. Das J ragt mit seiner Unterlänge in leicht gebogener Linie aus dem Quadrat heraus.

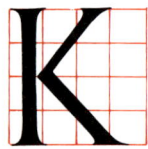

Das K belegt drei Viertel des Quadrates; die schrägen Linien stehen in einem Winkel von 90° zueinander, sie berühren sich an der Senkrechten auf der halben Höhe.

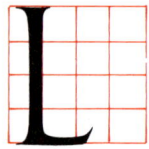

Das L braucht wiederum die halbe Breite des Quadrates; die horizontale Linie verlässt die senkrechte in einem leichten Bogen.

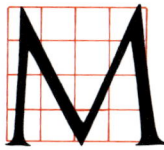

Das M ist etwas breiter als das Quadrat. Die mittleren Schenkel bilden einen Winkel von 52°, die beiden äusseren Schenkel sind leicht nach aussen geneigt.

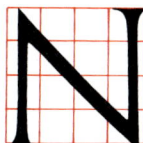

Das N bedeckt das Quadrat. Die dicken und dünnen Linien – sie entstehen durch Drehen der Feder – unterscheiden sich nur wenig.

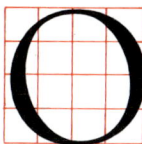

Das O füllt das Quadrat vollständig, oben und unten wird die Begrenzung des Quadrates um knapp die halbe Strichdicke überragt. Die Aussenlinie bildet einen Kreis, die innere ein Oval, das bei einem Federwinkel von 45° etwa um 10° nach links geneigt ist.

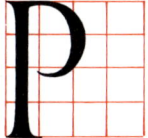

Das P ist ein halbes Quadrat breit. Es hat oben einen gerundeten Ansatz des Bogens an der Senkrechten; auf der unteren Seite berührt der Bogen die Senkrechte nicht, er biegt vorher etwas nach oben.

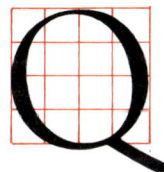

Das Q ist selbstverständlich abgeleitet vom O und gleich gross. Der Strich wird an dem Punkt angesetzt, wo sich der Übergang von dick zu dünn befindet; er steht im Winkel von etwa 30° zur Horizontalen.

Das R belegt drei Viertel des Quadrates. Der Bogen ist geräumiger als beim P und reicht etwas unter die Buchstabenmitte. Der Schräg-strich – am Ende etwas gerundet – steht etwa 30° von der Senkrechten ab.

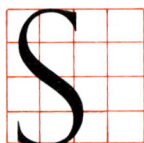

Das S bleibt innerhalb einer Quadrathälfte. Seine Stellung vornüber ist typisch. Oben und unten überragen die Bögen die Begrenzung des Quadrats knapp um halbe Strichdicke.

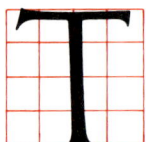

Das T ist etwas breiter als drei Viertel des Quadrates. Das Trajans-T hat im horizontalen Balken eine gebogene obere Kante gegen den Kreuzungspunkt zu. Diese Bewegung wird kompensiert durch den schrägen Verlauf der Serife auf der gleichen Seite (links).

Das U wurde im 10. Jahrhundert in das Alphabet eingefügt, vorher schrieb man es als V. Es bedeckt das Quadrat. Der Bogen wird entweder ganz oder überhaupt nicht an die Senkrechte angeschlossen.

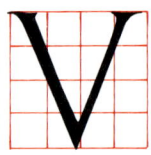

Das V ist so breit wie das Quadrat. Die Schenkel stehen in einem Winkel von 44° zueinander, die linke Serife ist gewellt.

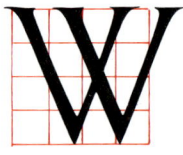

Das W – im 12. Jahrhundert beigefügt – wird im allgemeinen als Ligatur (Zusammenfügung) zweier V geschrieben. Der Kreuzungspunkt liegt auf der Höhe von 2/5 der Buchstabenhöhe.

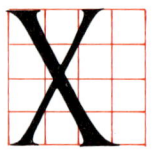

Das X braucht drei Viertel des Quadrates. Der Winkel zwischen den Schenkeln beträgt 54°. Die Schenkelenden liegen links übereinander, rechts wegen der unterschiedlichen Strichdicke nicht.

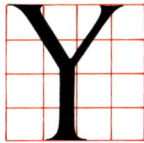

Das Y überschreitet gerade die Breite von drei Vierteln, weil der Winkel zwischen den Schenkelns grösser ist, nämlich etwa 74°.

Das Z überragt knapp drei Viertel des Quadrates. Das Z hat oft in der unteren Hälfte eine leichte Biegung nach links, während die untere Horizontale leicht gewellt ist, wie bei E und L.

Warum schenken wir den zahlreichen Details dieser Schriftform soviel Aufmerksamkeit? Diese Grossbuchstaben bilden die Grundformen für alle weiteren Grossbuchstaben. Wir können sie kalligraphisch wohl noch nicht schön schreiben, aber Formen und Proportionen sollten wir so gut als möglich in uns aufnehmen.

Um die römische Kapitalis schön schreiben zu können, braucht es viel Erfahrung in der Federführung. Hierzu einige Hinweise: Nachstehend sehen wir, wie das A geschrieben wird. Den dickeren rechten Schenkel ziehen wir, indem wir die Feder in einem Winkel von 40° halten. Für die Serife drehen wir die Feder auf 80° und führen zuerst den Bogen nach unten links aus, drehen die Feder so, dass sie parallel zur Basislinie steht und ziehen auf der Basislinie einen Haarstrich von links nach rechts in der Breite der Serife, dann folgt auf der rechten Seite des Schenkels der Bogen nach oben. Für den dünneren linken Schenkel drehen wir die Feder auf 60°. Die Serife wird wieder gleich gemacht. Auch den Querbalken ziehen wir mit einer Federstellung auf 60°.

Beim B halten wir die Feder zunächst parallel zur Basislinie (Stellung 90°), machen zuerst den Bogen für die Serife und ziehen in einem Zug bis an die Basislinie. Mit der gleichen Federstellung schreiben wir auch beide Bögen in einem oder in zwei Zügen. Der obere Bogen beginnt an der Senkrechten mit einer leichten Aufwärtsbewegung, der untere Bogen hört kurz vor der Basislinie auf. Mit dem Anschluss wird zugleich die Serife konstruiert: Feder auf 80°, kleines Böglein von der Senkrechten aus nach links und nach rechts, dann die Feder parallel zur Basislinie gedreht, leicht geschwungene Linie nach rechts zum Ende des unteren Bogens.

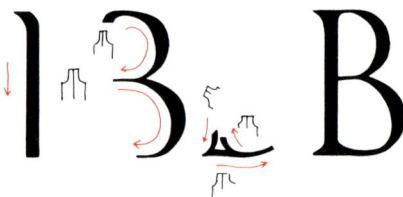

Für das C halten wir die Feder wieder parallel zur Basislinie und ziehen den Bogen vom höchsten Punkt bis unten über den tiefsten Punkt hinaus, wobei wir die Feder auf 80° drehen. Darauf folgt der Bogenabschluss nach oben und schliesslich die vertikalen Abschlüsse mit einer Federhaltung parallel zu den Abschlusslinien; die Schreibbewegung ist v-förmig.
Diese drei Buchstaben beschreiben wir ausführlich, um die Änderungen der Federstellung deutlich zu machen. Bei den übrigen Buchstaben werden gleiche und ähnliche Bewegungen vorkommen, sie werden aber nur noch im Text (ohne besondere Skizzen) erwähnt.

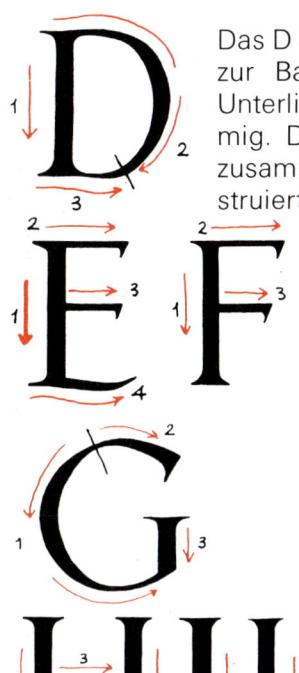

Das D wird auch mit Parallelstellung der Feder zur Basislinie geschrieben. Die Ober- und Unterlinien des Bogens sind leicht wellenförmig. Den Bogen setzen wir aus zwei Teilen zusammen. Die Serifen werden gleich konstruiert wie beim B.

Die mittlere Horizontale des E und die untere von F liegen knapp oberhalb der Buchstabenmitte, etwa so, dass die Unterkante die Mittellinie berühren würde. Die untere Horizontale des E verläuft leicht wellenförmig, und das freie Ende ist etwas aufwärts gerichtet.

Was den Bogen betrifft, folgt das G den gleichen Regeln wie das C. Die Vertikale reicht bis zur Mitte der Buchstabenhöhe.

Beim H liegt der Querbalken mit seiner Unterkante auf der (gedachten) Linie der halben Buchstabenhöhe auf. Bei allen drei Hauptlinien wird die Schreibkante der Feder parallel zur Basislinie geführt. Federführung bei den oberen Serifen: zuerst horizontal nach aussen, dann zurückkehrend zur vertikalen Linie.

Auch beim K wird die Feder parallel zur Basislinie gehalten. Die Schrägstriche berühren sich und die Vertikale auf halber Buchstabenhöhe; sie werden beide in einem Zuge geschrieben. Macht dies zu viel Mühe, wird jeder Schenkel einzeln gezogen.

Beim L können wir von den Grundsätzen des B Gebrauch machen.

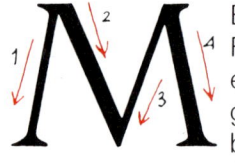

Beim M müssen wir für den ersten Abstrich die Feder ziemlich stark gedreht halten, sonst wird er zu dick. Beim zweiten ist die Feder horizontal gerichtet, beim dritten wieder gedreht und beim letzten schliesslich wieder horizontal. Achten Sie darauf, wie weit hinab die V-Form reicht!

Beim N gelten die gleichen Federwinkel wie beim M. Auch hier muss man beim unteren Abschluss der Diagonalen Vorsicht walten lassen.

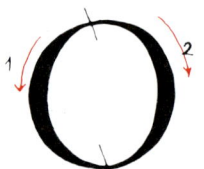

Das O setzen wir aus zwei Hälften zusammen. Die Aussenlinie soll mindestens annähernd einen Kreis bilden. Die Feder steht im Winkel von 45°.

Das P wird mit horizontal gerichteter Feder geschrieben. Bei der eingemeisselten römischen Kapitalis schliesst der Bogen unten nicht an die Senkrechte an, aber auch die Form mit angeschlossenem Bogen ist gebräuchlich. Der Bogen endet unten auf halber Buchstabenhöhe.

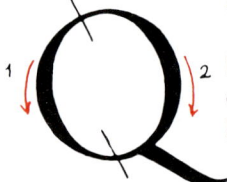

Für das Q wird zuerst ein O geschrieben, dann ein Strich angehängt, der etwa um 30° von der Basislinie abwärts gerichtet ist.

Beim R kann der Bogen unten an die Senkrechte angeschlossen oder – wie beim P –
offengelassen werden. Die Teile 2 und 3 können in einem durchgehenden Zug geschrieben
werden. Federstellung: horizontal.

Das S schreiben wir immer in drei Bewegungen, zuerst den Mittelteil, dann den oberen und
den unteren Bogen, und zwar in der Reihenfolge, die Ihnen am besten liegt. Achten Sie
darauf, dass der Buchstabe leicht nach vorne
geneigt stehen muss.

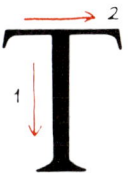

Beim T auf der Trajanssäule hat der Querbalken
des T eine Neigung gegen die Vertikallinie zu.
In diesem Falle muss auch die Serife links ent-
sprechend schräg stehen. Wir ziehen hier den
Querbalken gerade und fügen die Serifen senkrecht an (siehe Seite 86).

Das U machen wir so, wie die heutigen Druckbuchstaben geformt sind. Die abwärts gerichtete Linie 2 muss selbstverständlich mit
gedrehter Feder geschrieben werden.

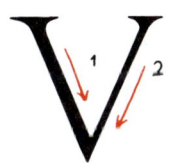

Für die Linie 1 des V drehen wir die Feder auf
40°, für die Linie 2 auf 60°. Diese Linie bildet
auch den untersten Punkt der V-Spitze.

Das W kann entweder in Form zweier sich kreu-
zender V (siehe Seite 86) oder als durchge-
hende Linie dargestellt werden, wobei in der
Mitte, wo sich die Linien treffen, keine Serifen
gebildet werden. Diese zweite Art gibt ein ruhi-
geres Bild. Die Schreibweise ist gleich wie
beim V.

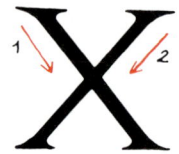

Das X wird mit horizontaler Federhaltung geschrieben. Der zweite Schenkel kann mit gedrehter Feder gezogen werden; der Dick-/Dünnkontrast zwischen den Linien soll aber nicht zu gross sein.

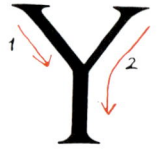

Für die obere Hälfte des Y befolgen wir die Regeln für das V; die Senkrechte ziehen wir mit horizontaler Federhaltung.

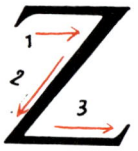

Für die obere und die untere Horizontale drehen wir die Feder auf 40°, für die abwärts gerichtete Schräglinie drehen wir sie langsam ein wenig, so dass die Linie nach unten allmählich etwas dünner wird. Der unteren Horizontalen können wir eine leichte Wellenform geben.

In der Praxis werden diese Grossbuchstaben als Anfangsbuchstaben verwendet, sogenannte Initialen zu Beginn eines längeren Textteiles. Oft werden sie mit Farbe geschmückt oder gar vergoldet.

Monogramme

Eine andere Möglichkeit zur Verwendung dieser Schrift besteht in Formen von Monogrammen. Das ist eine Zusammenfügung – eine Verflechtung – von Buchstaben. Meist handelt es sich um die Anfangsbuchstaben des Vor- und Familiennamens. Die Gestaltung von Initialen ist ein interessantes, kreatives Spiel. Monogramme sind vielseitig verwendbar: auf Briefpapier, als Markenzeichen, Firmennamen, Vorlage für Stickereien oder persönliche Signatur, z. B. für die eigenen kalligraphischen Arbeiten.

CP TV Æ

In jener Zeit, als die Capitalis monumentalis geschrieben wurde, verwendete man für Zahlen Buchstaben. Diese Zahlen-Buchstaben sind: M für 1000, D für 500, C für 100, L für 50, X für 10, V für 5 und I für 1. Die Schreibweise ist additiv, d. h. die hohen Zahlen stehen vor den niederen; stehen niedrigere vor höheren, so werden sie von der darauffolgenden höheren Zahl abgezogen. 1987 schreiben wir also MCMLXXXVII.

Die jetzt in Gebrauch stehenden Ziffern sind arabischen Ursprungs und wurden erstmals im Mittelalter verwendet. Vor der Erfindung der Buchdruckerkunst sahen sie zum Teil noch anders aus, wie dieses Beispiel aus einer Handschrift um etwa 1400 zeigt.

1 2 3 ᒐ ५ 6 ᐱ 8 9 0

Wenn wir in einem Text mit römischen Grossbuchstaben Ziffern schreiben und nicht die römischen Zahlen verwenden wollen, so müssen wir die arabischen Ziffern in Stil und Grössenverhältnis der Monumentalis anpassen. Das Ergebnis kann etwa so aussehen:

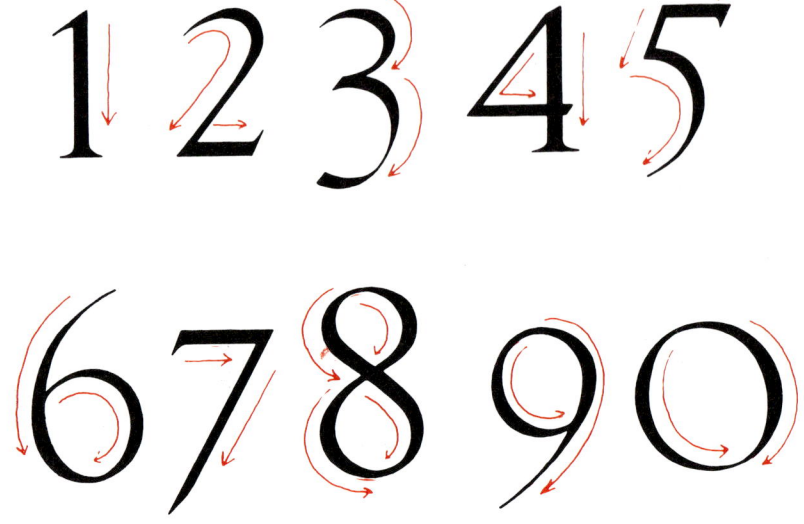

Der Vollständigkeit halber geben wir die Federführung für die verschiedenen Ziffern an:

Bei der 1 wird der Aufstrich mit einem Federwinkel von 40° zur Basislinie gezogen, die Senkrechte mit parallel zur Basislinie gehaltener Feder.

Für den Bogen in der 2 halten wir die Feder auf 40°, für die Horizontale auf etwa 50°.

Für den oberen Bogen der 3 ist ein Winkel von 40°, für den unteren von etwa 55° richtig.

Für die schräge und die horizontale Linie der 4 halten wir die Feder im Winkel von 45°, für die senkrechte parallel zur Basislinie.

Die 5 schreiben wir mit der Feder auf etwa 55°, die 6 wieder mit 40°.

Für die horizontale Linie der 7 wählen wir 55°, für den Abstrich 40°.

94

8, 9 und 0 werden mit der Feder auf 40° geschrieben.

Die Ziffern 3, 5, 7 und 9 ragen unter die Basislinie hinaus, 6 und 8 überragen die x-Höhe – so ergibt sich eine elegante Wirkung. Schreiben Sie die Ziffern zuerst alle gleich hoch wie die Buchstaben, dann können Sie mit kleinen Anpassungen noch die Abweichungen einfügen.

Eine Abwandlung der Monumentalis

Wir wollen unseren Teil über die Capitalis monumentalis mit einer freien Anwendung dieser Schrift abschliessen. Die Basisform wird dadurch abgeändert, dass auffallende Serifen angehängt werden und die Feder durchwegs in einem Winkel von 45° geführt wird. So erhält die Schrift einen ganz anderen Ausdruck. Diese Majuskeln sind sehr gut für Initialen oder kurze Texte – z. B. für Filmtitel – zu gebrauchen.

ABCDE

FGHIJK

LMNOP

QRSTU

VWXYZ

Die römische Quadrata
oder Capitalis quadrata

Die römische Quadrata ist eine mit Schilfrohr oder Gänsefeder geschriebene Schrift, die ausschliesslich aus Grossbuchstaben besteht. Wegen ihrer beinahe quadratischen Buchstabenform wurde sie auch Capitalis quadrata genannt. Weil ihre Buchstaben ziemlich gross und breit sind, nimmt jeder Text, der so geschrieben wird, sehr viel Platz ein. Diese Schrift muss äusserst exakt geschrieben werden, ein schnelles Arbeiten ist nicht möglich.

Das ist der Grund, weshalb nur ganz besondere Bücher in Quadrata geschrieben wurden. Wir sehen hier als Beispiel eine italienische Handschrift aus dem 4. oder 5. Jahrhundert, die sich in der Stiftsbibliothek St. Gallen (Schweiz) befindet.

VASCVRAMCLYMENENAI
IIMARTISQDOLOSETDVLC
HAODENSOSDIVVMNVA
JEQVOCAPTAEDVMFVSIA
VNTITERVMMATERNASI

Die gewöhnliche Schrift für den bürgerlichen Alltag kannte ebenfalls keine Kleinbuchstaben. Dies war eine kursive Grossbuchstabenschrift, die Kapitalkursive oder römische Kursive genannt wird. Wir sehen hier die schnell geschriebene Form, datiert aus den fünfziger Jahren nach Christus; sie stammt aus dem *Papyrus Claudius*.

Die nachstehende Capitalis quadrata stammt aus einer Kopie von *Vergilius*, die in der Stiftsbibliothek St. Gallen aufbewahrt wird. Sie datiert aus dem 5. Jahrhundert und wurde mit einer leicht schräggehaltenen Feder geschrieben. Es handelt sich dabei um eine Schrift, die während Jahrhunderten zum Abschreiben von Büchern verwendet wurde.

ERESEDANTEALIASARE
IENSSVMMAFLAVVMÇA
VLOGEMITVNONERVSTR
ISORORIPSETIBITVAMA
ARISTAEVSPENEIGENITO
RIMANSETTECRVDELEM

Die Serife am Ansatz des A wird so gemacht, dass man mit dem dünnen Aufstrich beginnt, dann den dicken schrägen Abstrich zieht und erst am Schluss eine kleine gebogene Linie in den schrägen Abstrich führt.

Den dünnen Abstrich ziehen wir mit einer Federstellung von 80°, dann drehen wir die Feder auf 45°, ziehen einen kurzen Strich nach rechts unten und fahren bei gleichem Federwinkel nach oben zum dünnen Schenkel.

Die Rundung im Bogeninnern des B gestalten wir zuerst mit einer kurzen Horizontalen, dann einem dicken Abstrich. Nach neuem Aufsetzen der Feder von der Senkrechten aus einen kleinen Bogen nach oben führen. Sinngemäss wird auch für die Rundung am unteren Ende vorgegangen.

ABCDE

FGHIJK

LMNOP

QRSTU

VWXYZ

Für den Abschluss des oberen Endes des C drehen wir die Feder gegen 90° und führen sie wieder zurück zur Bogenlinie.

Für die Serife am E führen wir die Horizontale in einem kleinen Bogen abwärts, fahren mit der Feder etwas hoch und wieder in die Horizontale zurück. Die gleichen Bewegungen führen wir auch bei F, T und Z aus.

Für den Abschluss der Linien oben rechts von X und Y ziehen wir die schräge Linie mit einem Federwinkel von etwa 20°, den breiteren horizontalen Auslauf mit einem Winkel von etwa 70°.

Die Capitalis rustica

Die meisten Handschriften im Römischen Reich wurden in Capitalis rustica geschrieben. Die Buchstaben sind schmaler als bei der Quadrata, sie wirken ungezwungener, und die Schrift hat beinahe einen nervösen Charakter.

Der Name liesse darauf schliessen, dass es sich um eine bäuerliche, ländliche, etwas unsorgfältige Schrift handle; aber die Rustica wurde mit derselben Sorgfalt geschrieben wie die Quadrata. Die Verschmälerung der Buchstaben ist auf das schräg geschnittene Schilfrohr zurückzuführen, das auch schräg gehalten wurde. Diese Schreibart ist schneller und wirtschaftlicher und damit vorteilhafter als die Quadrata. Es wurde nicht so viel Pergament benötigt, weil der Text weniger Platz beanspruchte. Wortzwischenräume wurden nicht gebildet; aber als Begrenzungszeichen zwischen den Wörtern setzte man auf halber Buchstabenhöhe einen Punkt.

FVNDITFONTICVLISVDAFVGACIBVS
ILLICEFGRACILIBALSAMASVRCVLO
DESVDATAFLVVNTRARAQVECINNAMA
SPIRANT·ETFOLIVMFONTEQVODABDITO
PRAELAMBENSFLVVIVSPORTATINEXITVM
FELICESANIMAEPRATAPERKERBIDA
CONCENTVPARILESSVAVESONANTIBVS
HYMNORVMMODVLISDVLCICANITMELOS
CALCANTETPEDIBVSLILIACANDIDAS
SVNTETSPIRITIBVSSAE PENOCENTIBVS
POENARVMCELEBRESSVBSTYGERIAE
ILLANOCTESACERQVAREDIITDEVS

Das älteste Beispiel für die Rustica ist ein Papyrusfragment aus Herculaneum, 79 n. Chr. geschrieben. Abgebildet ist eine Handschrift aus dem 5. Jahrhundert, die sich in der Bibliothèque Nationale zu Paris befindet (Cod. lat. 8084).

AEQVORACVMMEDIOVOLVVNTVRSIDE
CVMTACETOMNISAGERPECVDESPICTA
QVAEQVELACVSLATELIQVIDOSQVAEQV
RVRATENENT·SOMNOSPOSITAESVBNO
ATNONINFELIXANIMIPHOENISSANEC

Eine prächtige Schrift sehen wir im Codex Vaticanus Palatinus 1631, ebenfalls aus dem 4. oder 5. Jahrhundert, die in der Biliotheca Vaticana in Rom aufbewahrt wird. Abstände zwischen den Wörtern bildete man damals noch nicht, sie wurden erst viel später eingeführt.

Die Buchstabenhöhe der Rustica beträgt vier- bis sechsmal die Federbreite. Im Beispiel wird eine Höhe von sechsmal Federbreite verwendet und ein Federwinkel von 45°, dies in Abweichung von der ursprünglichen Schreibtechnik vom 1. bis 6. Jahrhundert.

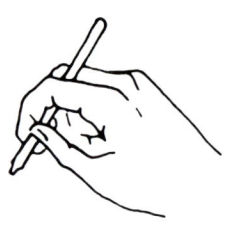

Die ursprüngliche Schreibweise erfordert eine völlig andere Technik. Dazu halten wir die Feder (das Schilfrohr) zwischen Zeige- und Mittelfinger. Diese Art der Federhaltung ermöglicht ein bequemes Ziehen der dünnen senkrechten Striche und erklärt auch die fetten, gebogenen Serifen oben und unten an den Buchstaben. Typisch für die Rustica ist auch die enge Anordnung der Buchstaben und Zeilen.

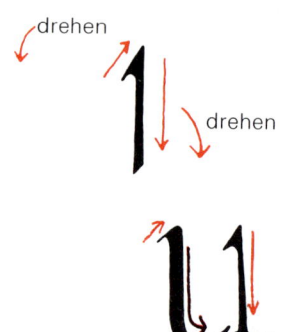

Wie machen wir die dünnen senkrechten Linien der Rustica, wenn wir die Feder so halten, wie dies ursprünglich üblich war? Wir setzen die Feder in einem Winkel von 70° auf das Papier, bewegen sie schräg aufwärts und drehen sie gleichzeitig im Gegenuhrzeigersinn auf 90°. Die Senkrechten ziehen wir mit gleichzeitigem Drehen der Feder von 60° auf 45°.

Horizontale und gebogene Serifen machen wir mit der Feder im Winkel von 45°. Das U ist im ursprünglichen Alphabet nicht enthalten, dazu wurde das V verwendet. Wollen wir aber ein U benutzen, so kann es etwa so aussehen, wie oben gezeigt.
In alten Manuskripten sehen wir B, F und L etwas über die andern Buchstaben hinausragen; G und Q mit langer Unterlänge verwendete man in einem Text nur auf der untersten Zeile. Der

A B C D E F

F G G H I J

K L M N O

P Q Q R S T

U V W X Y Z

Punkt wurde – wenn überhaupt gebraucht – auf halbe Buchstabenhöhe gesetzt.

Manuskripte in Rustica weisen wenig oder keine Verzierungen auf. Kommen gelegentlich welche vor, so handelt es sich um einfache sich wiederholende Ornamente.

Die Unzialschrift

Gegen Ende des 2. bis anfangs des 3. Jahrhunderts n. Chr. kam in Rom eine neue Schrift auf, die aus einer Verschmelzung der römischen Kapitalis, der Rustica und bestimmten Formen der griechischen Schrift resultierte. Ein Grossteil der Schreibarbeiten entstand in Ägypten. Diese Schreiber schrieben in Griechisch und Latein, zudem wurden alle religiösen Arbeiten der christlichen Kirchen damals griechisch geschrieben. Die lateinische Schrift wurde von der griechischen beeinflusst und siehe: die Unzialis war geboren.

Im 4. Jahrhundert wurde die Unzialis zur offiziellen Schrift der christlichen Kirche und verbreitete sich somit über ganz Europa. Die Unzialis steht zwischen zwei Linien und setzt sich aus einer Kombination von Gross- und Kleinbuchstaben zusammen. Sie wurde mit einer Federhaltung im Winkel von etwa 10° geschrieben. Weil sie keine echten Serifen besitzt und hauptsächlich aus runden Formen besteht, ist sie schnell zu schreiben.

Beim schnellen Schreiben wurden I, F, N, P, Q und R bis unter die Basislinie hinab verlängert, während H, F, L und D die obere Linie überragten. Damit entfernte sie sich von der römischen Schrift, ohne eine echte Kleinbuchstabenschrift zu werden.

Die Unzialis blieb bis weit in das Mittelalter hinein in Gebrauch, namentlich im kirchlichen Bereich (sogar bis ins 20. Jahrhundert) und in der bildenden Kunst.

tur in filio siunius diuinitatis xps eios sunt cur
hoc non simpliciter scripsit enibinonjunt cur
hoc non simpliciter denegasti arcanum ignur
tampestiferunysicrnoptassemff ipsepotrusquam
perlitteras reuelare eiomnesblasphemias abyxen
tiusuerbissingulisexplicare verumquiadno
licetsaltimunusquisq· quodsibiplaceat intelle

Das Beispiel stammt aus der Bibliothek des Vatikans; es wurde
nach 510 in Italien geschrieben.

Die hier abgebildete Unzialschrift ist ebenfalls italienischen
Ursprungs; sie wurde etwa zur gleichen Zeit geschrieben. Die
Strichlein über dem Text zeigen Abkürzungen an. Um Pausen
anzudeuten, wurde auf halber Buchstabenhöhe ein Punkt
gesetzt. Die Originalhandschrift befindet sich in der Bibliothek
des Vatikans in Rom.

AB illo ergo die cogitauerunt
ut interficerent eum
ihs ergo iam non in palam
ambulabat apud iudaeos

aBCd
eFghi
jklm
NOpq
RSTUv
WXYZ

Die Halbunziale

Diese Schrift tauchte im 3. Jahrhundert im Römischen Reich auf. Sie hat Ober- und Unterlängen und ist das Ergebnis einer Mischung einer römischen Kursivschrift mit der Quadrata und der Unzialschrift.

Die Halbunziale wurde hauptsächlich von den Christen geschrieben; ihre Blütezeit fällt ins 8. bis 10. Jahrhundert. Bei ihr treffen wir auch Buchstabenverbindungen (Ligaturen) an. Durch das schnelle Schreiben wurden die Buchstabenformen vereinfacht.

Das folgende Fragment zeigt eine Halbunziale aus einem Manuskript der Staatsbibliothek Berlin, nämlich aus dem *Concilia Monore Galliae*, das aus dem 8. oder 10. Jahrhundert stammt.

Die römische Halbunziale verbreitete sich von Italien aus über Europa. Wahrscheinlich brachte sie Augustinus nach England, und sie wurde von seinen englischen Anhängern nach den Niederlanden und nach Deutschland mitgenommen.

Die künstliche Unziale

Im 6. Jahrhundert verlor die Unziale ihren zügigen, geschmeidigen Charakter; die Schreiber begannen, die Feder mehr und mehr in horizontaler Lage (0°) zu verwenden – also parallel zur Basislinie.

Zunächst wurde das Höhe-/Breiteverhältnis verändert, und zwar auf nur vier Federbreiten auf die Buchstabenhöhe. Die Schrift machte einen gedrungenen Eindruck, zudem wurde durch die veränderte Federhaltung der Kontrast noch verstärkt. Der künstliche Eindruck, der dadurch entstand, wurde im 7. und 8. Jahrhundert durch das Anbringen vieler Verzierungen besonders hervorgehoben. Von einer brauchbaren Schreibschrift kann nicht mehr die Rede sein. Zu Beginn des 9. Jahrhunderts wurde die Unzialis nur noch bei speziellen Gelegenheiten verwendet, im kirchlichen Bereich aber blieb sie bis ins 20. Jahrhundert im Gebrauch. Auf nebenstehender Seite sehen wir eine Unzialschrift, wie sie im Übergang vom 7. zum 8. Jahrhundert geschrieben wurde.

Die Serifen der späten Unzialis wurden auf verschiedene Arten gestaltet:

 Diese Form wird durch Drehen der Feder im Gegenuhrzeigersinn erreicht.

 Bei dieser Form wird im Gegenuhrzeiger gedreht, doch bleibt nur noch die linke Ecke der Feder auf dem Papier; so wird auch die Abwärtsbewegung ausgeführt.

 Die Feder wird im Gegenuhrzeigersinn gedreht, doch wird nur der linke Eckpunkt der Feder benützt.

Hier wird die linke Federhälfte im Uhrzeigersinn gedreht.

Die Enden der Abstriche haben verschiedene Formen. Das ganz rechts stehende Beispiel wird durch Abheben der rechten Federhälfte erreicht.

108

ABCD
EFGhI
JKLM
NOPQ
RSTUV
WXYZ

Die obenstehende Abbildung zeigt vorwiegend die künstliche Unzialschrift. Diese prächtige kalligraphische Arbeit wurde zwischen 700 und 725 geschrieben; sie befindet sich im Besitze des British Museum.

Wenn wir genau hinsehen, stellen wir fest, dass in der ersten Zeile nach der schön verzierten Initiale die römische Rustica verwendet wurde. Zwischen den Zeilen brachte man im Jahre 850 Anmerkungen in irischer Minuskel an – der zu jener Zeit in England üblichen Schrift. Der übrige Text ist in später Unziale in schönen regelmässigen Zeilen mit grossem Abstand geschrieben.

Die Zier-Grossbuchstaben der Unziale

In Manuskripten, die in später Unziale geschrieben wurden, finden wir Zierbuchstaben, die im wesentlichen den Formen der Unziale folgen. Häufig haben sie einen bandähnlichen Charakter

und sind mit Farbe ausgefüllt. Sie wurden mit der gleichen Feder geschrieben wie der Text. Auf der vorangehenden Seite sehen wir solche Anfangsbuchstaben (Initialen), die aus einer Handschrift der Bodleian Library in Oxford stammen. Die Originale haben zarte Konturen und sind mit Farbe ausgefüllt. Selbstverständlich gab es auch kompliziertere Ausführungen.

Die insulare Majuskel

Im Jahre 432 begann der Heilige Patrick sein Werk als Missionar in Irland. In seinem Gepäck brachte er vermutlich auch die römische Halbunziale mit. Irland gehörte damals nicht zum Römischen Reich, man verwendete kein Latein und besass auch keine eigene Schriftsprache. Seine Schüler lernten die Halbunziale, doch passten sie sie ihrem eigenen keltischen Stil an. Durch die isolierte Lage der Insel entstand ein besonderer Schreibstil. Die irischen Schreiber entwickelten schwere, dreieckige Serifen, das e mit geschlossenem Bogen, das d mit rechts stehender Senkrechten und das a mit ähnlicher Form wie das heutige kleine a.
Sie sehen hier einige Zeilen aus dem berühmten *Book of Kells*.

Die irische oder insulare Majuskel ist eine kräftig wirkende Schrift mit markanten Linien und vollrunden Bogen. Ihre Buchstabenhöhe entspricht zehnmal der Federbreite. Die Feder wurde horizontal oder in einem Winkel von 20° gehalten. Das obere Ende der Senkrechten wird durch eine doppelte Federbewegung verbreitert.

Das pfeilförmige Ende der waagrechten Linien wird zuerst mit dem gewöhnlichen Federwinkel geschrieben und dann aufgefüllt.
Bei den Bögen werden die Enden oft mit einer gegenläufigen Bewegung gemacht, um den dünnen Auslauf zu verstärken.

Typisch ist auch, dass wir im selben Manuskript – vom gleichen Schreiber verfertigt – sowohl Majuskel- als auch Minuskelformen antreffen. Wir sehen beispielsweise verschiedene Formen bei a, d, n und g.
Im Gegensatz zu bisherigen Schriften werden hier die Buchstaben möglichst eng aneinandergefügt, oft berühren sie einander. Auch Ligaturen kommen vor, wie z. B. eg, et und ex.
Worttrennungen wurden vermieden; den letzten Buchstaben einer Zeile versah man mit einem lang auslaufenden Strich, der bis zum Zeilenende reichte.
Nachfolgend sehen Sie eine Seite aus dem *Book of Kells* (90 Verso), die etwa in der Hälfte der ursprünglichen Grösse wiedergegeben ist. Die Initialen sind mit leuchtendem Gelb, Hellblau, Hellgrün und Rosa gefärbt. Das Buch wurde zwischen 790 und 830 in Kells in irisch-angelsächsischer Majuskel geschrieben. Es befindet sich im Trinity College in Dublin.

accourefam uiderunt et secuta sunt eum.

Cum aopropinquasset hge-
rusolimis et uenisset in
beth fage acomontem oliueti

Tunc ihs misit ouos discipulos
dicens eis ite maccastellum quod con
tra uos est. et statim inuenietis as
sinam alligatam et pullum cum ea
soluite et adducite mihi. et si
quis uobis aliquid dixerit diate
quiaconis his opus habet et cofestim
dimittet eos.

autem factum est utadoin-
plerctur quoddictum est
percaeseaim profeta dicentem diate phiaesion eccerex tuus uehit
tibi mansuetus et sedens super.

a aa ax æ b

c c d d e e

f ʒ g h h i i

k k l m h h

o p g r s t

u w x y ƻ

115

Die insulare Minuskel

Nebst der wunderschönen Grossbuchstabenschrift, wie sie im berühmten *Book of Kells* steht entwickelten die irischen Schreiber auch eine Kleinbuchstabenschrift, die sie für Anmerkungen neben älteren Texten und weniger bedeutsame Bücher verwendeten.

Die dreieckigen Serifen, die für die insulare Majuskel so kennzeichnend sind, finden wir auch bei der irischen Minuskel, die zudem als eine zipflige spitze Schrift charakterisiert werden kann.

In der zweiten Hälfte des 6. Jahrhunderts gingen die Iren mit ihrer Schreibkunst nach Schottland, Northumberland und England. Die Angelsachsen lernten die Schrift schnell, führten sie aber einfacher aus.

Die vorangehende Abbildung stammt aus dem *Book of Kells*. Der Text wurde zu Beginn des 9. Jahrhunderts von Bischof Ludger aus Werden in Deutschland in angelsächsischer Schrift geschrieben; es handelt sich um *Pauli epistolae*.

Durch irische und angelsächsische Schreiber gelangte die insulare Minuskel auch auf das europäische Festland und wurde dort in den berühmten Schreibschulen unterrichtet. In England verschwand sie im 11. Jahrhundert, in Irland wurde sie durch das ganze Mittelalter hindurch benutzt, für das Keltische sogar bis auf den heutigen Tag.

Bei der insularen Minuskel hält man die Feder in einem Winkel von 45°. Die Schrift hat einen leicht kursiven Charakter. Die dreieckigen Serifen hat sie mit der insularen Majuskel gemein. Die Schreibtechnik ist freilich viel einfacher: Die Serifen sind leicht zu schreiben, und auch die Drehung der Feder für die langen Abstriche haben wir bald im Griff. Die Anpassungen einzelner Buchstaben sind jetzt rasch eingeübt.

Gezeigt wird eine insulare Minuskel, geschrieben in der zweiten Hälfte des 9. Jahrhunderts in Deutschland, die in der Bodleian Library in Oxford aufbewahrt wird.

aabbcdde
eeſſ5ȝȝ
hhıȝkkll
mmnнoρ
qρſſꞇꞇu
vwxyȝ

118

Die irischen Zier-Grossbuchstaben

Betrachten wir berühmte irische Manuskripte wie das *Book of Kells* oder *The Lindisfarne Gospels*, fallen uns die unglaublich reich dekorierten Titelblätter auf: grosse Initialen – wahre Bauwerke – sozusagen Labyrinthe mit schmucken Heiligenfiguren. Sehr häufig erscheinen auch Tiere oder tierähnliche Gebilde, die vermutlich aus heidnischer Zeit übernommen wurden. In der Umgebung der grossen Initialen steht der übrige Text in einem Rahmenwerk von Punktlinien. Dieser Text ist in irischer Majuskel oder in römischer Kapitalis geschrieben, bei der das dekorative Element wichtiger ist als die Lesbarkeit.

Titelblatt aus *The Lindisfarne Gospels*, um 700. British Museum, London.

ABCD

EFGHI

JKLMN

OPQRS

TUVW

XYZ

Auf der nebenstehenden Seite sehen Sie ein Alphabet aus Zierbuchstaben, die auf Vorbildern aus dem *Book of Kells* basieren.
Sie sind mit einer Breitfeder geschrieben; es dürfte ratsam sein,
sie mit Bleistift vorzuzeichnen, um sie dann mit Farbe und Pinsel
auszuarbeiten.
Im 6., 7. und 8. Jahrhundert wanderten die irischen und angel-
sächsischen Mönche auf das europäische Festland aus und
gründeten überall Schreibschulen. Die berühmtesten an Klöster
angegliederten Schulen befanden sich in Luxeuil, Reims, Tours,
Würzburg, St. Gallen und Echternach.

Die karolingische Minuskel

Vom 5. bis zum Ende des 8. Jahrhunderts wurde Europa durch
den Zerfall des Römischen Reiches zu einem Gebiet voller
Unruhe und Machtverschiebungen. In Klöstern und Schulen entwickelte sich eine Vielzahl von Schreibstilen wie etwa der lom-
bardische, der merowingische, der westgotische und der angelsächsische. Das einzig Gemeinschaftliche war, dass man sich in
Wissenschaft und Literatur der lateinischen Sprache bediente.
Unter Kaiser Karl dem Grossen (724 bis 814) kam Ordnung nach
Europa, nicht bloss in politischem Sinn, sondern es wurde auch
kulturell eine Einheit geschaffen, so z. B. in der Schrift. Nach ihm
wurde die karolingische Minuskelschrift benannt, die vermutlich
sein Freund und Berater Alcuin von York massgeblich entwik-
keln und durch die Schreibschulen und Klöster verbreiten liess.
Dadurch erreichte man innert kurzer Zeit einen einheitlichen
Schreibstil im ganzen Reiche.
Die karolingische Minuskel gibt einen gleichmässigen Eindruck
bezüglich Form und Breite der Buchstaben und Verhältnis zwischen Buchstabenkörper und Strichbreite. Alle Wörter wurden
mit Zwischenräumen geschrieben.
In kurzer Zeit wurde sie zur allgemeinen Schrift in Europa und zur
Buchschrift des Mittelalters schlechthin. Für die Grossbuchsta-
ben dienten wiederum die klassischen Formen der römischen
Kapitalis.

HEBRAEOS ·
Multifarie mul
tisq:modis. Olim os
Loquens patribus jn
prophetis Nouissime
diebus isas locutus e nobis in filio
quem consatuit heredem uniuersoru per que
fecit et secula. Quicum sit splendor glorie
et figura subsantiae eus. porans q: omnia
uerbo uirtutis suae. purgationem peccatoru

Im British Museum in London befindet sich das Manuskript der *Vulgata-Bibel*, das in der Mitte des 9. Jahrhunderts in Tours entstand. Die Bibel wurde durch Alcuin von York unter Verwendung verschiedener Schriften bearbeitet: römische Kapitalis, Unziale und karolingische Minuskel.

Die karolingische Schrift hat folgende Merkmale: Die Buchstaben haben eine rundliche Form und kurze Verbindungsstriche, die die Wörter zu deutlichen Einheiten formen und sie gleichzeitig auch klar auseinanderhalten. Dank Form und Breite der Buchstaben und des guten Verhältnisses zwischen Buchstabenkörper und -stamm (Senkrechte) gewann die Schrift ein gleichmässiges Bild und eine verbesserte Lesbarkeit. Die Senkrechten sind nach oben leicht verdickt. Ligaturen und Abkürzungen verschwanden beinahe vollständig. Das a wurde offen geschrieben, das s lang, f und r ähnlich unserer heutigen Schrift. Das i hatte noch keinen Punkt. Das j trat im Verlaufe der Zeit als verlängertes i auf, das w wurde als doppeltes u geschrieben.

Die Buchstaben liessen sich bequem und schnell schreiben, wobei die Federstellung etwa der unsrigen entspricht. Als Grossbuchstaben dienten Rustica-Formen, aber wir finden auch die Quadrata, freilich in etwas freierer Form.

Die Karolingia oder Carolina kann als die Schrift des Mittelalters gemeinhin bezeichnet werden; sie hielt sich in Europa etwa drei Jahrhunderte lang.
Die Ornamentkunst erlebte in dieser Periode eine grosse Blütezeit. Im Gegensatz zu späteren Jahrhunderten waren in dieser Ornamentik Initialen und Text sehr eng miteinander verflochten.

Zu Beginn des 12. Jahrhunderts schrieb ein englischer Kalligraph diesen Text in karolingischer Minuskel, kombiniert mit Rustica und römischer Quadrata. Das Original befindet sich in der Bodleian Library in Oxford. Wir sehen hier die Verdickungen der Senkrechten gegen oben – in unserem Musteralphabet haben wir sie weggelassen. Das Muster ist aber auf die Form der karolingischen Minuskel abgestützt. Es wurde zu Beginn unseres Jahrhunderts durch *Edward Johnston* geschaffen und mit einer Anleitung versehen, mit dem Ziel, die Kalligraphie wieder aufleben zu lassen.

abcde

fghij

klmno

pqrstt

tuvwx

yz

probatio pennæ

Anmerkung des Übersetzers: Um eine authentische Schrift nach-
zuvollziehen, ist immer eine zeitgenössische Textvorlage einer
später geschaffenen vorzuziehen. Schriften verändern oft schon
durch scheinbar sehr unbedeutende Änderungen ihren Charakter vollkommen.

Die Versalien zur karolingischen Minuskel

So nennen wir die Grossbuchstaben, die zur Zeit der karolingischen Minuskel in Gebrauch kamen. Die Kleinbuchstabenschrift
entlehnte bei Bedarf Grossbuchstaben anderer Schriftarten, z. B.
bei der Rustica oder bei der römischen Kapitalis, oder man
benutzte Versalien – verzierte Grossbuchstaben – für grössere
Initialen.
Diese Versalien bzw. verzierten Grossbuchstaben schreibt der
Kalligraph mit der gleichen Feder wie den Text. Er formt die
Umrisse der Buchstaben mit losen Federstrichen. Diese Kontur-
buchstaben können wir so verwenden, sie schwarz oder farbig
ausfüllen oder auch ganz mit Farbe überdecken.
Die Gestaltung der Initialen erfordert eine gewisse Fertigkeit,
weil wir nicht durchwegs mit der gleichen Federhaltung arbeiten
können. Um ein ausgewogenes Ergebnis zu erhalten, müssen
wir wissen, wie die Feder zu handhaben ist. Wir geben hier
einige Federstriche an.

ABCDE
FGHIJ
KLMN
OPQRS
TUVW
XYZ

in der Mitte
einschnüren

Die Entwicklung der gotischen Schriften

Im 10. und 11. Jahrhundert entwickelte sich aus der karolingischen Minuskel in Nordeuropa allmählich eine neue Schrift, die
in Deutschland, den Niederlanden, in Belgien, England und
Nordfrankreich Eingang fand.
Der Drang nach Wissen aus der Klassik – vorwiegend aus Italien
– war sehr gross und hatte viele Abschreibarten zur Folge. Die
Schreiber suchten eine rationellere Schreibart, und die karolingische Schrift wurde schliesslich immer eckiger und schmaler.

127

tione babylomſ.Et poſt

Diese Entwicklung zog durch Nordeuropa. Die Buchstaben wurden zusehends schmaler und eckiger, die Ober- und Unterlängen sogar kürzer – die Schrift Textura war entstanden. Die Bezeichnung stammt vom lateinischen Wort für Weben. Eine Seite Text in Textura-Schrift wirkt wie ein Gewebe.

tione babÿlomis.Et post

Die Textura

Die abgebildete Textura stammt aus einem französischen Manuskript von 1323, das in der königlichen Bibliothek in Den Haag aufbewahrt wird.

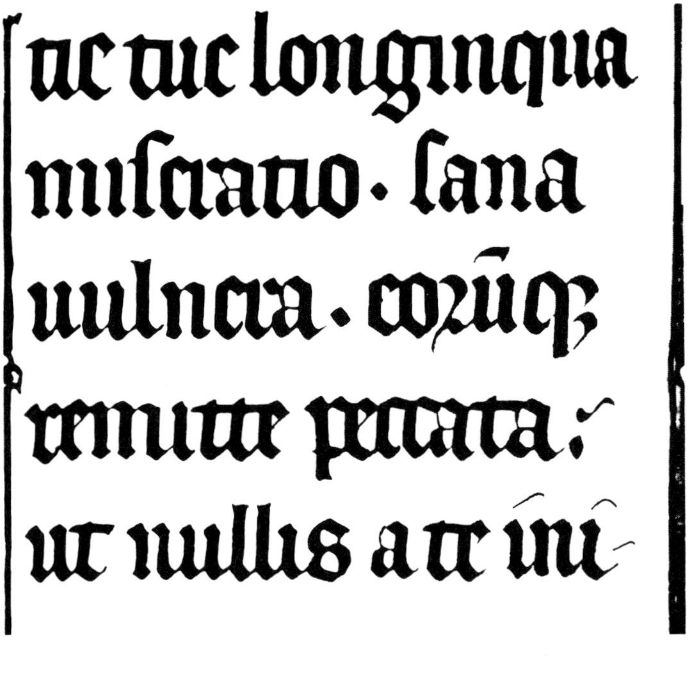

ac tuc longinqua
miſciatio · ſana
uulncra · coᷣúcᷓ
remitte peccata :
ut nullis a te ini

abcdef
ghijklm
opqrstu
vwxyz
1234 5
67890

Die Textura, die wir auf vorangehender Seite zeigen, ist eine elegante Ausführung aus dem 14./15. Jahrhundert.

Typisch für die Textura ist der vertikale Akzent. Vor allem die Kleinbuchstaben sehen so aus, als bestünden sie nur aus vertikalen Linien, eng gesetzt in strenger Regelmässigkeit, wie mit einer starren Feder. Bei den Grossbuchstaben sehen wir vermehrt gebogene Linien, doch herrscht auch hier die Vertikale vor.

Die Textura wird mit einem Federwinkel von 35° bis 45° geschrieben. Wir können uns freilich nicht strikt daran halten, bei einigen Buchstaben ändert die Stellung der Feder.

Beachten Sie beim Formen der Wörter, dass die Zwischenräume der Buchstaben gleich gross sein müssen wie ihre Leerräume; so dicht aneinander werden die Buchstaben gesetzt.

Für unsere Vorlage haben wir eine Ausführungsform gewählt, bei der die senkrechten Linien durch eine leichte Biegung etwas aufgelockert wurden. Sehen wir uns das b genau an, so kann der Rest des Alphabets keine Probleme mehr bieten.

Selbstverständlich setzen wir den Buchstaben nicht aus so vielen Einzelteilen zusammen; wir schreiben ihn in wenigen Zügen: zuerst die Senkrechte mit dem unteren Ansatz des Bogens, dann oben beginnend den Bogen.

Erstmals in der Geschichte erscheint bei der Textura der i-Punkt; er fördert die Lesbarkeit, besonders bei dieser Schriftart. Es treten mehr Ligaturen auf, wobei auch bisher ungebräuchliche erscheinen, wie das b mit dem o und das o mit dem r.

ABCDE
FGHIJ
KLMN
OPQR
STUV
WXYZ

Die Rotunda

Die Schreiber in Italien, Spanien und Südfrankreich hatten für die Buchstaben der Goten nichts übrig, und sie nahmen widerwillig Abschied von ihrer weichen, runden Schrift. Ihre Version der neuen Schrift war die Rotunda oder Rotonda des 13. bis 15. Jahrhunderts. In Spanien hiess diese Schrift später Redondilla.

tione babylonis. Et poft

Die starken Brechungen der Textura wurden abgeschwächt, die Rundungen in den bogenförmigen Buchstaben deutlicher. Das Grundmuster blieb ungefähr dasselbe, aber der hohe, schmale Charakter ist weniger ausgeprägt.
Die Rotunda, die wir hier sehen, stammt von einem frühen Drukker, *Erhard Ratold*, der etwa um 1500 in Augsburg und Venedig am Werk war.

Hcta facrificia illibata. In primis q̃ tibi offerimus pro ecclefia tua fancta catholica quaz pacificare: cuftodire: adunare ⁊ regere digneris toto orbe terrarũ vna cũ famulo tuo papa nfo H.⁊ antiftite nfo. H.⁊ rege nfo. H. ⁊

Die Bastarda

Die Bastardaschriften entstanden als Folge zunehmender Aktivitäten an den Universitäten Italiens, Frankreichs und Englands. Die florentinische Type, die wir hier abbilden, fällt durch ihre langen Striche und vielen Verzierungen auf. Der Text ist ein berühmter Vers aus der *Divina Commedia* von Dante aus dem Jahre 1337.

Die Schwabacher Schrift

Was geschah mit der Textura? Ende des 15. Jahrhunderts wurde am Rhein zwischen Strassburg und Mainz eine Mischform aus Textura und Bastarda geschrieben; sie wurde unter dem Namen *Schwabacher Schrift* bekannt.

Die Frakturschrift

Im 16. Jahrhundert wurde die Schwabacher durch die Fraktur-
schrift verdrängt. Die Entstehung der Fraktur steht in Zusammenhang mit Kaiser Maximilian I., ein Geschehnis, das mit dem von
Karl dem Grossen und der karolingischen Minuskel vergleichbar
ist. Maximilian I. war ein überzeugter Humanist; er gab Künstlern
wie Dürer, Holbein und Burgkmair Aufträge für Bücher. Darob
entfachte auch sein Interesse an der Schriftkunst. In seinem
Gebetbuch, das 1513 bei Johannes Schönsperger in Augsburg
erschien, wurde eine sehr schöne Fraktur verwendet. Neben-
stehend eine Seite aus diesem Stundenbuch.
Die Fraktur hat folgende Merkmale: gebrochene Anfänge und
Enden der Senkrechten, schlingenartige Verzierungen an den
Oberlängen oder an den Hauptschäften sowie runde Form der
Grossbuchstaben. Hier ein Beispiel aus Dürers *Apocalypsis*
(1511).

134

credibilia facta sunt nimis:do
muni tuam domine decet san
ctitudo:in longitudine dierū.
Gloria patri et. Antiphona.
Assumpta ē maria in celum
gaudent angeli laudantes be
nedicūt dominū. Antiphona
Maria. Psalmus.
Jbilate deo omñis ter
ra:seruite domino in le
titia. Introite in cōspectu ei
us:in exultatiōe.Scitote quo
niam dominus ipse est deus:
ipse fecit nos:et non ipsi nos.

Die Schriften der Humanisten

Während in Nordeuropa die gotische Schrift allgemein in Gebrauch war, bahnte sich in Italien etwas an, das für die Kultur in Europa von grosser Bedeutung zu werden schien: Der Dichter *Francesco Petrarca* (1304–1374) kreierte – aus Missfallen an der zu seiner Zeit gebräuchlichen Schrift – einen neuen Schriftstil.

Die Schrift basiert auf der karolingischen Minuskel, weist aber deutliche Zeichen des gotischen Einflusses auf. Wir sehen das an den Formen von d und t sowie an den vielen Abkürzungen und Interpunktionszeichen. Diese gut lesbare Schrift hiess *Gotico Antiqua* oder *Petrarca*; sie ist der Beginn der humanistischen Schrift.

Die humanistische Buchschrift

Die italienische Renaissance schürte den Enthusiasmus für die Überbleibsel aus der antiken Welt, für die Freiheit des Geistes und die Wiederentdeckung von Mensch und Welt. Die kirchliche und feudale Autorität des Mittelalters verschwand. Die Gelehrten – Humanisten genannt – suchten nach den verlorenen Werken der klassischen Autoren. Sie fanden sie in Klöstern und Bibliotheken und liessen sie von Berufsschreibern kopieren. Die von ihnen entdeckten Handschriften wurden grösstenteils im 11. und 12. Jahrhundert in karolingischer Minuskel geschrieben.

Die Humanisten hatten eine Abneigung gegen die gotische Schrift, die zu ihrer Zeit – im 15. Jahrhundert – noch geschrieben wurde. Sie begründeten ihre Schrift auf der karolingischen und nannten sie *littera antiqua*, nicht wissend, dass das Vorbild bloss drei Jahrhunderte alt war.

Die humanistische Buchschrift hat verbundene Buchstaben, Wortzwischenräume, und sie verwendet zudem römische Grossbuchstaben. Alle Buchstaben sind römischen Ursprungs, aber schmaler als in der karolingischen Minuskel.

Einflussreiche Schreibmeister hiessen Antonio Mario, Pietro Strozzi und Antonio Sinnibaldi, der bedeutendste Buchhändler Vespasiano da Bisticci.

Niccolo Niccoli war einer der Schreibmeister, die der humanistischen Schrift zum Erfolg verhalfen; er gründete seine Schreibschule 1425. Das zur Illustration gezeigte Werk stammt von einem seiner Schüler, Poggio Bracciolini: *De Oratore* von Cicero, geschrieben 1425 in der Bibliotheca Laurenziana in Florenz, wo es auch aufbewahrt wird.

Das folgende Schriftbeispiel stammt vom florentinischen Schreibmeister Gherhardo di Giovanni del Ciriago, geschrieben 1453, wiedergegeben in Originalgrösse.

nis aut ordinis . fateamur aut hoc quod hec ars profiteat̄
alienum esse . aut cum alia aliqua arte esse cōmune . sed si
in hac una est ea ratio atq̄ doctrina non si qui aliau̯ artiu
bene loquuti sunt : eo minus id est huius unius proprium
5 ed ut orator de his rebus que ceterau̯ artium sunt si modo
eas cognouit . ut hen crassus dicebat optime potest dicere
sic ceterau̯ artium hōies ornatius illa sua dicunt siqd ab
hac arte didicerunt . Neq̄ eim si de rebus rusticis agricola
qspiam : aut etiam id quod multi medici de morbis aut de
pingendo pictor aliqs diserte dixerit aut scripserit idcirco
illius artis putanda est eloquentia . in qua qa uis magna
est in hōium ingeniis : eo multi etiam sine doctrina aliqd
ōium generu̯ atq̄ artium consequunt̄ sed quod cuiusq̄ sit
proprium : &si ex eo iudicari potest cum uideris quid queq̄
doceant : tamen hoc certius esse nihil potest : q̄ quod oēs
artes alie sine eloquentia suum munus prestare possunt :
orator sine ea nomen suum optinere non potest . Vt cēte
ri si diserti sint aliqd ab hoc habeant : hic nisi domesticis
se instruxerit copiis aliunde dicendi copiam petere non
possit . Tum catulus : &si inqt antoni minime impediēdus
est interpellatione iste cursus orationis tue . patiere tamen
mihiq̄ ignosces . non eim possum quin exclamem ut ait ille
in trinūmo : ita uim oratoris mihi tum exprimere subtili
ter uisus es : tum laudare copiosissime . Quod qdem eloquē
tem uel optime facere oportet ut eloqntiam laudet . Debet

138

Das Beispiel zeigt, dass mit einer schmalen Feder geschrieben wurde. Wir können uns wohl fragen, wie die Schreiber es schafften, so dünne Linien zu ziehen. Das Geheimnis liegt darin, dass sie ihre Feder in der Mitte spalteten und dann nur die linke Ecke der Feder benutzten, um die dünnen Linien zu schreiben.

In humanistischen Manuskripten treffen wir die hier abgebildeten, mit einer schmalen Feder geschriebenen Grossbuchstaben an. Die Grossbuchstaben sind weniger hoch als die Oberlängen der Kleinbuchstaben.

ABCDEFG
HIJKLMNO
PQRSTVW
XYZ

Auf der folgenden Seite sehen wir ein Alphabet der humanistischen Buchschrift, das auch die damals gebräuchliche s-Form enthält. Der Ansatz der Oberlängen wird mit einem Ab- und Aufstrich gemacht. Das &-Zeichen wird aus zwei Zeichen zusammengesetzt: zuerst die Schlinge unten, dann das Runde obendrauf.

a b c d e

f f g h i j

k l m n o

p q r s ſ

t u v w x

y z &

Die humanistische Kursive

Nach 1400 kam neben der Littera antiqua auch eine kursive Form als Buchschrift in Gebrauch. Diese humanistische Kursive ging aus einer italienischen Form der bekannten gotischen Alltagsschrift hervor.

Die Vorteile dieser Schrift sind ihre gute Lesbarkeit und schnelle Schreibbarkeit.

Ungefähr um 1450 beschloss Papst Eugenius IV., dass die humanistische Kursive als offizielle Schrift des Vatikans zu verwenden sei. Daher erhielt diese Schrift ihren anderen Namen: *Littera cancellaresca corsiva* – kursive Kanzleischrift. Sie wird auch *Littera de brevi* (kurze, gedrängte Schrift) genannt.

Die Merkmale dieser Schrift: ein Neigungswinkel von 80° bis 85°, die Verschmälerung der runden Buchstaben – sie sind diagonal verbunden, eng geschrieben mit verhältnismässig sehr hohen Oberlängen. Auffallend ist auch das geschlossene gotische a und der häufige Gebrauch von Ligaturen. Sie wurde mit einer gerade geschnittenen und schräg geführten Feder geschrieben.

Die humanistische Kursivschrift spielte ihre bedeutendste Rolle als Buchschrift bei der Einführung der Buchdruckerkunst. Die Littera antiqua wurde in der Folge als Buchschrift rasch verdrängt.

Im 16. Jahrhundert diente die humanistische Kursive den Schreibmeistern als Ausgangspunkt ihrer vielfältigen und erfindungsreichen Schriftformen, die während des 17. und 18. Jahrhunderts gepflegt wurden. Die Erfindung des Buchdrucks Mitte des 15. Jahrhunderts veränderte selbstverständlich die Rolle der Schreibmeister.

Auch die Schrift, die in unserem Jahrhundert in England als Gebrauchshandschrift propagiert wurde, basiert auf der Cancellaresca. Sie sollte die allgemein unterrichtete und gebräuchliche Schrift ersetzen, die ihren Ursprung in den weniger praktischen Schriften des 17. und 18. Jahrhunderts hatte. Diese Schrift wurde *Italic* genannt.

Mandai alcuni mesi sono a v. M.ta per le mani del S.r Don Diego suo Ambasciator il ritratto della S.a memoria della Imp.e sua consorte fatto di mia mano con quell'altro che mi fu dato da lei per esempio. Ma perche tutte le mie voglie di questo mondo non sono altro che uno ardentiss. desiderio di seruire et sodisfare in cio che io posso a v. M.ta isto con infinita deuotioe aspettando d'intendere se questa mia opera le sia giunta inanzi, et se le sia piaciuta, o nò. Che se io sapero esserle piaciuta, ne sentirò quel contento nell'animo ch non son bastante a dirlo: et se ancho sara il contrario, io mi proferisco di racconciarla in maniera che v. M. se ne contenterà, quando N. S. Dio mi donera gratia di poter io uenire a presentarle'una figura di Venere da me fatta a nome suo: Laqual figura ho speranza che fara chiara fede' quanto la mia arte auanzi se stessa in adoperarsi per la M. v. Io sono hora qui in Roma chiamatoci da N. S. et uado imparando da questi marauigliosiss' salsi antichi cose per le quali l'arte mia' diuenghi degna di pingere le uittorie' che N. S Dio prepara a v. M.ta in oriente'. In tanto uol' bascio la inuittissima mano con tutto l'affetto et reuerencia del mio cuore' et la'

Wir sehen hier das Fragment eines Briefes des Malers Titian an Karl V., geschrieben in Cancellaresca am 8. Dezember 1545.

Die humanistische Kursive, die wir auf der nächsten Seite sehen, wurde vom Schreibmeister Arrighi um 1517 geschrieben. Das Original befindet sich in der Universitätsbibliothek von Amsterdam.

Verum qui parum a recto exorbitat: non carpit̃
siue' ad defectum: siue' ad exsuperationem se' flec-
tat: Qui uero multum: uituperatur. non enim la-
tet egreſſus. Facile' autem non eſt excipere' ratione'
quousqʒ et ad quantum a recto quiſpiam egreſſus
carpendus eſt. Neqʒ enim aliud quicquam ſenſi-
bilium determinari facile' poteſt. Talia uero in
ſingulis ſunt et iudicium eſt in ſenſu. Verum il-
lud eſt manifeſtum medium habitum in uniuerſis
laudabilem eſſe'. Oportet autem nunc ad exſupe-
rationem: nunc ad defectum declinare'. hoc enim
modo faciſſime' medium ipſum et rectum attinge-
mus et aſſequemur : - .

---

carpendus eſt . Nɩ

bilium determinaɪ

ſingulis ſunt et iuɪ

ABCDE
FGHIJ
KLMN
OPQRS
TUVW
XYZ

144

i ii c o ơ

a b c d e

f g h i j k

l m n o p

q r s t u

v w x y z

Die Schreibmeister

Etwa um 1450 brachte die Erfindung der Druckkunst mit beweglichen Lettern eine weitere Veränderung in die Schreibkunst und damit in die Rolle der Schreibmeister; ihre Tätigkeit des Abschreibens von Büchern verschwand. Die Bücher – gedruckt von Manutius, Jenson und anderen Druckern waren so gut, dass der Schreiber überflüssig wurde. Der Kalligraph entwarf nun Druckbuchstaben für Drucker/Verleger oder verfertigte Bücher nach Holzschnitten, für die er Schriften entwickelte, die nicht mit beweglichen Lettern gedruckt werden konnten.
Hier sehen wir eine Anzahl verzierter Anfangsbuchstaben vom Schreibmeister Tagliente, der 1524 in Venedig ein Schriftmusterbuch in dieser Manier herausgab.

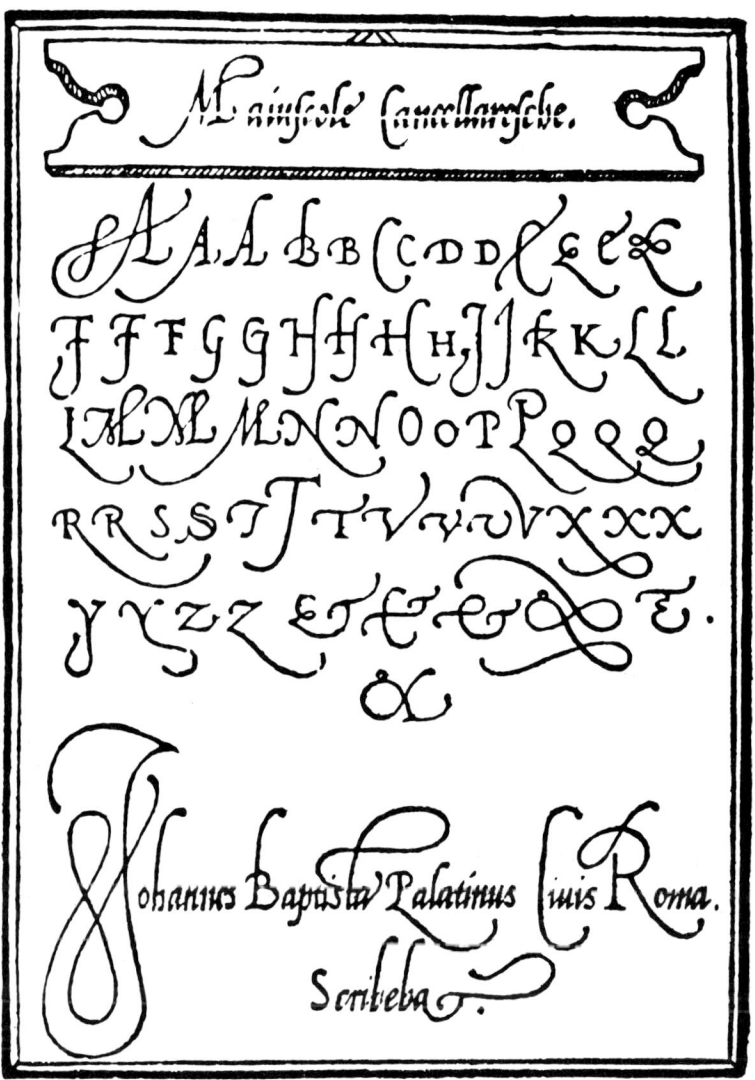

Maiuscole Cancellaresche.

Johannes Baptista Palatinus ciuis Roma.
Scribebat.

Einer der populärsten Schreibmeister der Renaissance war der Römer Giovanni Battista Palatino, der 1538 und 1540 Schreibbücher in der Form von gedruckten Holzschnitten publizierte. Abgebildet ist eine Seite mit Zierbuchstaben der Cancellaresca corsiva (siehe vorangehende Seite).

Dies ein Beweis der Fertigkeit des italienischen Schreibmeisters Ugo da Carpi, der 1625 seinen *Thesauro di Scrittori* herausgab.

148

Fragment aus einem Brief, geschrieben von Sigismund von Polen bei seiner Ernennung zum Ritter des Goldenen Vlieses. Krakau 1525.

Eremſsimo ac Excellᵐᵒ Principi et dño. domine
vtrusq̃ Sicilie et Jerusalem. etc. Regi Archiduci A
ac honoran. Sigismundus Dei gratia Rex Polonie N
continuu incrementu. Serᵐᵉ ac Excellᵐᵉ Princeps et
in Bredam et Loffergem. Consiliarius et comissarius
reſcalco. lrasq̃ Mᵗⁱˢ veſtre nobis eddiderunt. quib
in comicys cum Serᵐⁱˢ ac Jllᵐⁿˢ fribus et membris

Von der zugespitzten Gänsefeder zur Stahlfeder

Das Bild des Berufskalligraphen änderte sich erneut einschneidend, als Hercolani seine Schriftmuster nicht mehr in Holzschnitten drucken liess, sondern von der Kupfergravur Gebrauch machte.

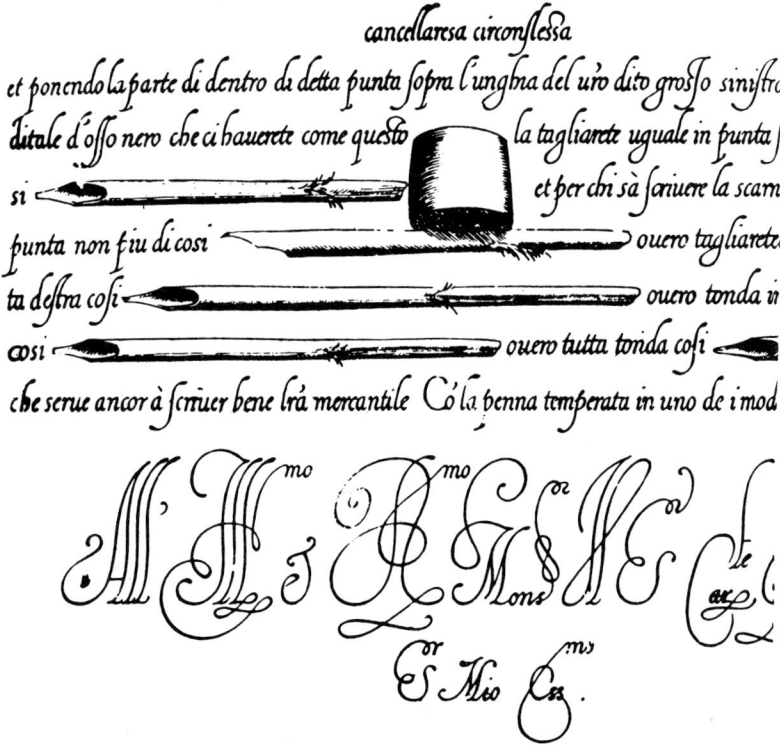

1574 erschien sein erstes Buch in Bologna. Seine schön gravierten Muster stehen noch nahe bei der Cancellaresca, doch ist die Schrift weniger eckig. Der Stichel des Graveurs bietet mehr Möglichkeiten. Zwei Gründe zwangen die Kalligraphen, neue Wege zu suchen: Ein erster Grund war die Buchdruckerkunst, die einen Grossteil der Berufsschreiber verdrängte, der zweite lag im Geist des Barock, der nach mehr Bewegung und Verfeinerung verlangte. Beide Aspekte führten zu einer immer schmaler geschnittenen Gänsefeder und schliesslich zur nadelscharfen, flexiblen Feder aus Metall. Die Metallfeder wird erstmals Mitte des 18. Jahrhunderts erwähnt. 1820 wurden sie durch Joseph Gillott in England massenweise hergestellt.

Die scharfgeschnittene Feder war der Schlüssel zur Schrift. Sie ermöglichte den Kalligraphen, eine hauchdünne Linie zu verdicken, zu verbreitern – bloss durch mehr oder weniger Druck auf die Feder. Die gleichmässige, folgerichtige Linie, auslaufend aus der Federform, wie sie bisher gefiel, ging verloren.
Eine praktische, schnell schreibbare und gut leserliche Schrift war nun nicht mehr das Ideal; der beste Akrobat mit Feder und Tinte war auch der beste Schreibmeister. Je mehr Schnörkel desto schöner. Das gefällige Gesamtbild wurde wichtiger als der Überblick über den Text.

Frankreich, England und die Niederlande brachten eine Anzahl Schreibmeister hervor, die berühmt wurden.

1605 erschien in Rotterdam Jan van den Veldes *Spieghel der schriftkonste* (Spiegel der Schriftkunst), graviert von Frisius.

Das zweite Beispiel aus der zweiten Hälfte des 17. Jahrhunderts stammt aus: *A Compendium of the usuall Hands*, geschrieben von Richard Daniel und graviert von Edward Cocker.

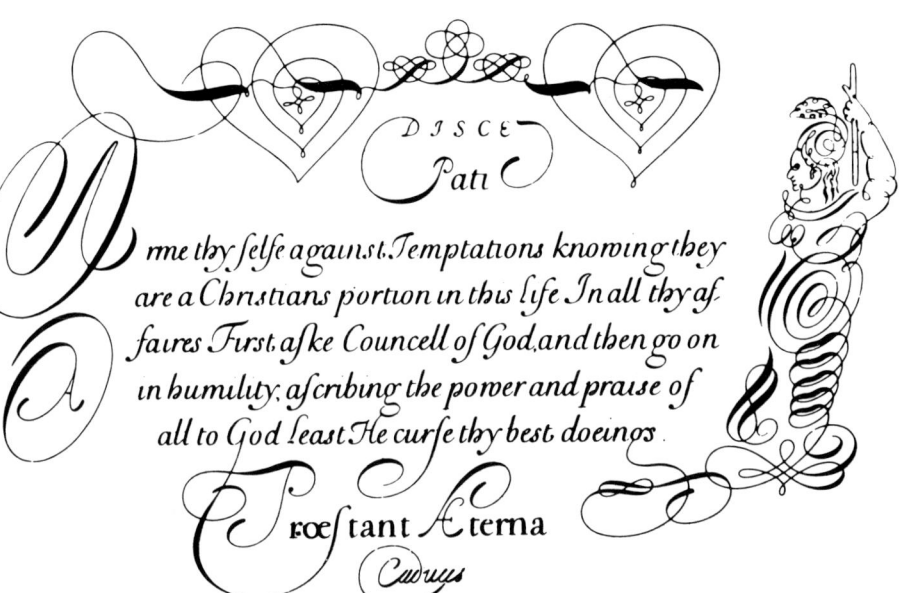

DISCE
Pati

rme thy selfe against. Temptations knowing they
are a Christians portion in this life In all thy af-
faires First aske Councell of God, and then go on
in humility, ascribing the power and praise of
all to God least He curse thy best doeings.

Proestant Æterna
Caduus

Das Schreiben mit der Spitzfeder

Das Schreiben mit der Spitzfeder verlangt nach einer ganz anderen Technik als mit der Redis- und Breitfeder. Beim Gebrauch jener Federn betonten wir, es dürfe kein Druck ausgeübt werden. Für das Schreiben mit der Spitzfeder – auch englische Schreibschrift genannt – müssen wir lernen, einen bestimmten Druck auf die Feder auszuüben und diesen bei Auf- und Abstrich genau gesteuert zu wechseln, damit gleichmässige Linien entstehen. Am Ende eines Abstriches müssen wir schnell den Druck wegnehmen, zu Beginn aber rasch richtig dosiert Druck geben.

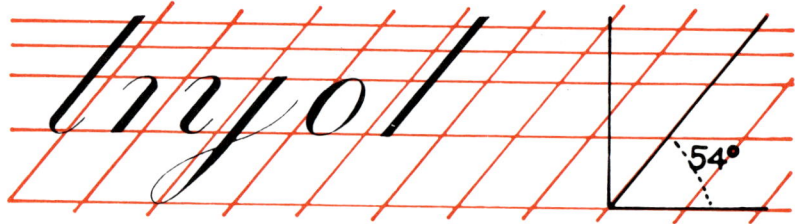

Wir arbeiten mit einem 5-Liniensystem und im Normalfall mit einem Neigungswinkel von 54°. Es gibt auch Schriftarten mit 48°, 60° und 68°. Je schneller die Schrift desto grösser der Winkel.
Die oberste Linie begrenzt die Oberlängen der Buchstaben, die zweite Linie die Höhe von d und t, dann folgt die x-Höhe. Die vierte Linie von oben ist die Basislinie, die unterste Linie begrenzt die Unterlängen. In diesem System bilden die Abstriche der Kleinbuchstaben das kennzeichnende Element. Die Abstriche sind breit und schwarz, die Aufstriche immer dünn; die Übergänge von Auf- zu Abstrich und umgekehrt sind stets rund. Die Buchstaben werden durch Haarstriche verbunden, die für die verschiedenen Buchstaben unterschiedlich geformt sind. Wir geben anschliessend an das Kleinbuchstaben-Musteralphabet die verschiedenen Kombinationen an.

a b c d e f g

h i j k l m n

o p q r s t

u v w x y z

1 2 3 4

5 6 7 8 9 0

Die englische Schreibschrift ist eine verbundene Schrift. Zu Beginn wurden sämtliche Buchstabenkombinationen durch eine aufsteigende Diagonallinie verbunden, doch eignen sich nicht alle dafür. Eine Anzahl Verbindungsmöglichkeiten finden Sie zusammengestellt. Die Grossbuchstaben können wir entweder ohne Verbindung zum folgenden Buchstaben stellen oder harmonisch einfügen.

ui ni ue io ei ce
ei eo in ar en
cr or on rr rv rs
oo oe vo ve yi if
es is ge bs si of

Die Ziffern werden gleich hoch wie d und t geschrieben. Die Oberlänge der 6 reicht auf die Höhe der übrigen Kleinbuchstaben mit Oberlängen, die Unterlängen von 7 und 9 reichen halb so weit hinab wie die der Kleinbuchstaben mit Unterlängen. Die Hauptlinien der Ziffern:

A B C D

E F G H

IJ K L M

N O P Q

R S T U V

V W X Y Z

Die Basisbewegungen für die Grossbuchstaben:

In den Beispielen auf Seite 152 haben wir gesehen, dass die Schreibmeister gerne einen in Spitzfederschrift geschriebenen Text durch zusammenhängende runde Linienzüge, die oft viele Schlingen – sogenannte Schnörkel – bildeten, verzierten. Ein paar dieser Schnörkel zeigen wir zuerst in einzelnen Elementen, dann im Zusammenhang. Sie können die Schnörkel den Gross- und Kleinbuchstaben anhängen und sie zu einer schwungvollen Verzierung werden lassen.

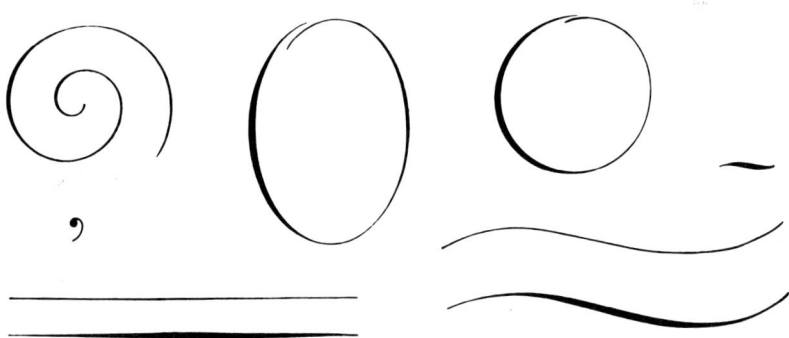

Phantasiebuchstaben

Die bisher behandelten Schriften entstanden ausschliesslich in früheren Zeiten und waren von Kalligraphen zum Schreiben von Handschriften entwickelt worden. Daraus ergaben sich die von Rubrikatoren und Illuminatoren entwickelten Phantasiebuchstaben, die in den handgeschriebenen Büchern als Initialen verwendet wurden. Diese Buchstaben dienten später den Kalligraphen und Graphikern zur Nachahmung. Auf den folgenden Seiten zeigen wir eine Auswahl, die als Inspirationsquelle für eigene Entwürfe dienen mag.

162

Faustregeln
der Flächenaufteilung

Wie ordnen wir einen kalligraphischen Text auf der Papierfläche an? Meist besteht der Text aus einer Anzahl Zeilen, die zusammen einen Block bilden, den es nun gilt, auf dem Papier zu plazieren. Wir stützen uns dabei auf jahrhundertealte Regeln. Die weissen den Text einrahmenden Flächen – die Ränder – müssen in einem bestimmten Verhältnis zueinander stehen:

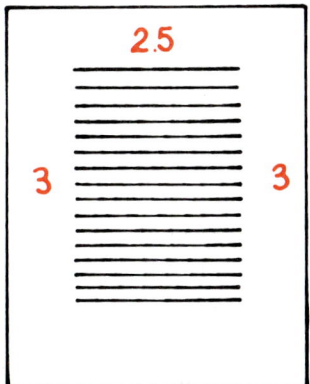 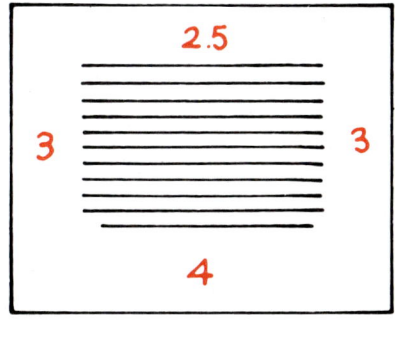

Wenn wir diese Proportionen einhalten, steht der Text immer in der Mitte des Blattes, bezüglich Höhe etwas oberhalb der Mitte (in der sogenannt optischen Mitte). Es spielt dabei keine Rolle, ob das Blatt im Hoch- oder Querformat verwendet wird und ob wir viel oder wenig Text haben.
Liegen zwei Blätter nebeneinander, wie in einem Buch, so wird die weisse Fläche zwischen den Textblöcken nicht so breit, wie beim Aneinanderfügen von zwei Einzelblättern, weil das Ganze auf uns wie ein einziges Blatt wirkt.

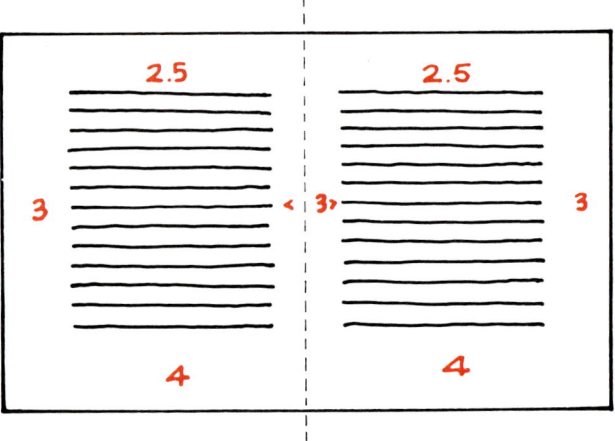

Wenn wir zwei Textblöcke (Spalten) auf ein einziges Blatt plazieren, so dürfen wir die weisse Fläche zwischen den Blöcken also nur halb so breit machen wie beim Zusammenschieben zweier Blätter mit nur einem Textblock.

Muss ein Textblock ein echter Block sein? Natürlich nicht! Grob betrachtet gibt es vier Möglichkeiten der Platzeinteilung (lay out):

1. Wir gestalten geometrisch klare Blöcke und füllen diese mit Text und Dekorationen.
2. Wir bilden links eine gerade Kante, d. h. alle Zeilen sind linksbündig und lassen die Zeilen rechts nach dem Sinn des Inhalts (z. B. bei Gedichten) frei auslaufen.
3. Wir plazieren den Text auf die Mittelachse, d. h. die Mitte der ungleich langen Zeilen liegt immer auf der Mittelachse. So wird der weisse Rand auf beiden Seiten gleich gross.
4. Wir setzen den Text asymmetrisch in die Fläche. Eine schwierige Aufgabe, denn wir haben weder links noch rechts einen sicheren Halt. Das stellt hohe Anforderungen an das Gefühl.

Haben wir grosse Textblöcke, dann ist es sinnvoll, Rastpunkte einzuschalten, z. B. durch Bilden von Abschnitten, mit Leerzeilen, mit dem Einzug von Zeilen um einige Buchstabenbreiten oder

164

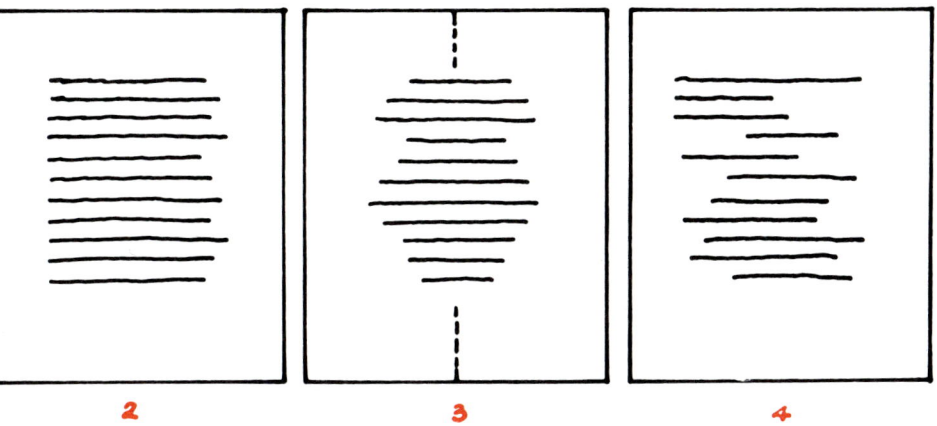

2   3   4

durch farbige Grossbuchstaben (Lombarden) am Zeilenanfang. Wollen wir eine grosse Initiale setzen oder Verzierungen anbringen, so müssen wir dies bei der Raumaufteilung mitberücksichtigen. Dabei spielt auch das Gewicht (der Grauwert) eine Rolle. Dieser Grauwert beeinflusst ebenfalls die Zuteilung leerer (weisser) Flächen; je schwärzer der Ton, desto mehr Weiss wird benötigt.

Kalligraphie – was tun wir damit?

Unsere Schreibfertigkeit steigert sich mit jeder neuen Arbeit, ebenso unser Gefühl für die Schriften. Zweifellos bevorzugen wir auch bestimmte Schriftarten. Wie lässt sich nun unsere Errungenschaft anwenden? Das ist einfacher, als wir denken.
Sie werden die Erfahrung machen, dass man Sie – sobald Ihr Steckenpferd bekannt ist – bitten wird, einen Text für den Kirchenbasar, für den Festabend der Quartier- oder Sportvereinigung zu gestalten. Dabei kann es sich um eine Einladung, ein Diplom, ein Abzeichen oder um einen Wandschmuck handeln. Natürlich merken Sie erst jetzt, welche Schwierigkeiten sich ergeben können; aber es ist eine schöne Herausforderung und – wenn Sie es schaffen – ein anregendes Vergnügen.
Der Möglichkeiten gibt es unzählige: Ist es nicht phantastisch, Briefpapier selbst zu entwerfen und kalligraphisch zu gestalten, ein Ex libris für Ihre Bibliothek oder ein Geburtstagsgeschenk anzufertigen? Ein Monogramm – eine weitere Variante – kann beispielsweise sowohl zum Drucken als auch zum Sticken verwendet werden; für wenig Geld können Sie davon einen Stempel bei einer Stempelfabrik herstellen lassen.

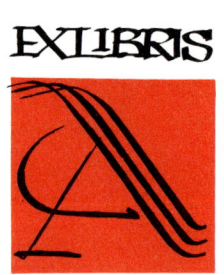

Ein eifriger Naturliebhaber kann die Berichte seiner Streifzüge zu einer ansprechenden Einheit zusammenstellen: Photos, getrocknete Blumen und andere Funde – kombiniert mit einem gutaussehenden, leicht leserlichen Text – machen das Tagebuch zu einem fesselnden Ganzen. Das Gleiche gilt für das Logbuch eines Seglers und Ihren Ferienbericht.

167

Auch zu Hause bieten sich viele Anwendungsmöglichkeiten: Liesse sich nicht Ihr Namensschild an Ihrer Haustüre schöner gestalten? In der Küche befinden sich zweifellos Kräutertöpfchen mit unterschiedlichen Anschriften. Wäre es nicht viel eleganter, dafür eine einheitliche Etikette zu entwerfen? Gesammelte Rezepte präsentieren sich völlig anders: Schön eingeteilt und frei geschrieben, werden sie nicht nur zum Versprechen für einen kulinarischen Genuss, sondern auch ein Fest für das Auge. Kalligraphie findet auch Verwendung auf Urkunden, Diplomen; bei allerlei Festen im Familienbereich: Hochzeiten, Geburten usw.

Welche Freude können Sie einem Freund bereiten, wenn Sie seinen Lieblingsspruch oder -zitat kalligraphisch gestalten und, schön eingerahmt, zum Geburtstag schenken!

Kalligraphie lässt sich auch für die Hobbies Photographieren und Filmen einsetzen: Ein Filmtitel oder ein Titeldia, das Sie selbst kalligraphisch gestalten, wirkt doch viel schöner und persönlicher als gekaufte Kunststoffbuchstaben!

Überall spielt die Wahl der Schrift, die Gestaltung des Ganzen und die passende Farbauswahl eine wichtige Rolle. Fertigen Sie zuerst eine Skizze an, überlegen Sie sich die Wahl des Papiers, die Farbe der Schrift, allfällige Verzierungen und das Vorgehen sorgfältig.

Wer
schreibt,
bleibt

Mit Material und Farbe experimentieren

Bisher haben wir uns intensiv mit dem Analysieren bestehender Schriften beschäftigt und die Handfertigkeit geübt, um das Gefühl für die Beherrschung der Schriftcharaktere zu erlangen. Inzwischen haben wir viel Geschicklichkeit erworben, so dass wir uns in ein anderes Gebiet der Kalligraphie wagen dürfen: in den freieren Umgang mit der Feder, d. h. eigene Schriftformen schaffen, das Geschriebene zu einem Gesamtausdruck werden lassen. Das kann selbstverständlich auf mancherlei Weise geschehen. Warum trennen wir uns nicht einmal von unserer geliebten Feder und benützen zur Abwechslung eine ganz breite Feder, etwa eine japanische Bambusfeder, ein Schilfrohr, einen Federkiel (z. B. Gans oder Truthahn), einen Pinsel, Filzstift oder breiten Filzschreiber? Weshalb greifen wir nicht zur Schere und schneiden die Texte aus?

Literatur

Die nachfolgende Liste erhebt keinen Anspruch auf Vollständigkeit.

Bischoff, Bernhard: Paläographie des römischen Altertums und des abendländischen Mittelalters. (Grundlagen der Germanistik, 24) E. Schmidt, Berlin, 2. Auflage 1986

Burla, Sabine/Vollmer, Ernst: Schrift schreiben. Ein Buch zum Erlernen verschiedener Schriftformen mit Vorlagen und Beispielen. Maier, Ravensburg 1982

Drogin, Marc: Medieval Calligraphy. Its History and Technique. Abner Schram, Montclair N. J. 1980

Földes-Papp, Károly: Vom Felsbild zum Alphabet. Die Geschichte der Schrift von ihren frühesten Vorstufen bis zur modernen lateinischen Schreibschrift. Belser, Stuttgart 1966

Gourdie, Tom: Calligraphic Styles. Cassel, London 1982

International Calligraphy Today. Thames & Hudson, London 1982

Jackson, Donald: Alphabet. Die Geschichte vom Schreiben (Originaltitel: The Story of Writing.) Krüger, Frankfurt a. M. 1981

Johnston, Edward: Writing and Illuminating, and Lettering. Pitman, London 1977

Korger, Hildegard: Schrift und Schreiben. Fachbuchverlag, Leipzig, 4. Auflage 1985

Luidl, Philipp/Huber, Helmut: Ornamente/Ornaments. Novum Press. Bruckmann, München 1983

Neugebauer, Friedrich: Kalligraphie als Erlebnis. Baugesetze der Schrift und Schule des Schreibens. Neugebauer, München, 2. Auflage 1981

Stähle, Walter: Kalligraphie. Eine Anleitung zum Schreiben künstlerischer Schriften. Mit vielen Beispielen aus der Schriftgeschichte. Frech, Stuttgart, 3. Auflage 1985

Stähle, Walter: Kalligraphie, Übungsheft. Frech, Stuttgart, 2. Auflage 1984

Studley, Vance: Left-handed Calligraphy (Kalligraphie für Linkshänder). Van Nostrand Reinhold, New York 1979

Tschichold, Jan: Meisterbuch der Schrift. Maier, Ravensburg, 2. Auflage 1984

Museen, Bibliotheken

Bundesrepublik Deutschland

Bayerische Staatsbibliothek, Postfach 1500, D-8000 München 34

Staatsbibliothek Bamberg, Neue Residenz, Domplatz 8,
D-6800 Bamberg

Universitätsbibliothek München, Geschwister-Scholl-Platz 1,
D-8000 München 22

Deutsche Demokratische Republik

Deutsche Staatsbibliothek, Unter den Linden 8, Postfach 1312,
DDR-108 Berlin

Frankreich

Archives Nationales, 60 Rue de Francs Bourgeois, F-75141 Paris
Cedex 03

Bibliothèque Nationale, 58 Rue de Richelieu, F-75084 Paris Cedex 02

Grossbritannien

Bodleian Library, Department of Western Manuscripts,
GB-Oxford OX1 3 BG

British Museum, Department of Manuscripts, Great Russell Street,
GB-London WC1B 3DG

Niederlande

Koninklijke Bibliotheek, Prins Willem Alexanderhof 5, NL-Den Haag

Rijksmuseum Meermanno – Westreenianum, Prinsessegracht 30,
NL-Den Haag

Schriftmuseum J. A. Dortmond, Singel 425, NL-Amsterdam

Österreich

Kunsthistorisches Museum, Burgring 5, A-1010 Wien 1

Schweiz

Bodmeriana, Fondation Martin Bodmer, Chemin Guignard,
CH–1223 Cologny

Burgerbibliothek Bern, Münstergasse 63, CH–3011 Bern

Stiftsbibliothek St. Gallen, Im Klosterviertel, CH–9000 St. Gallen

Faksimile-Quellen

Photos, Photokopien oder andere Abbildungen alter Manuskriptseiten sind in der Regel unter Angabe des Verwendungszweckes und gegen Vergütung der entstandenen Kosten bei der Bibliothek, die das Werk besitzt, erhältlich. Buchtitel und Folio-Nummer, Verso oder Recto bzw. Seitenzahl angeben! Die Lieferzeiten erstrecken sich über mehrere Wochen. Möglichst die betreffende Landessprache verwenden!

Der Faksimile-Verlag, Alpenstrasse 5, CH–6004 Luzern, hat sich auf Faksimile-Ausgaben historisch bedeutsamer Handschriften spezialisiert. Sie kosten aber in der Regel mehrere tausend Franken. Einzelne Blätter dieser Werke werden jedoch zu relativ günstigen Preisen verkauft.

Kalligraphische Vereinigungen

Schweiz

Es Schweiz besteht eine lockere Vereinigung ohne Vereinsstatuten (Satzungen). Kontaktadresse: Werner Hiltbrunner, Postfach 6, CH-3000 Bern 26.

Bundesrepublik Deutschland

Freundeskreis Calligraphy, Karl Wilhelm Meyer, Nördliche Hildapromenade 18, D-7500 Karlsruhe 1.

Oesterreich

Elmar Hagen, Morgenstrasse 18, Postfach 172, A-6890 Lustenau.

Glossar

In diesem Glossar wurden Wörter aufgenommen, die in der Literatur über Kalligraphie und Handschriften aus Altertum und Mittelalter häufig vorkommen. In verdankenswerter Weise durfte hierzu Gebrauch gemacht werden von der Liste von A. S. Korteweg und C. A. Chavannes-Mazel, aus: *Schatten van de Koninklijke Bibliotheek* (Schätze aus der königlichen Bibliothek), Den Haag 1980.
Die Liste der deutschsprachigen Ausgabe wurde durch den Übersetzer ergänzt.

Abbreviatur
Abkürzung.

Akrophonisches Prinzip
Benennung der Buchstaben nach einem Gegenstand, dessen Bezeichnung mit dem entsprechenden Laut beginnt.

Alinea
Erste Zeile eines Absatzes.

Antiphonarium
Buch mit liturgischen Melodien und Texten für Messe und tägliches Gebet.

Antiqua
Lateinische Schriftform, die zu vorkarolingischer Zeit aus der römischen Schrift abgeleitet wurde. Zur Zeit der (italienischen) Renaissance wurde diese Entwicklung abgeschlossen (Beginn der Buchdruckerkunst).

Autograph
Eine durch den Autor selbst geschriebene Handschrift (Urschrift, im Unterschied zu Abschrift).

Barock
Stilperiode aus der Kunstgeschichte (etwa 1500 bis 1750), die sich durch überschwenglichen Formenreichtum mit starkem Ausdruck der Gefühle auszeichnet.

Bastarda
siehe Littera bastarda.

Benedictionale
Liturgisches Buch mit Segensgebeten zum Gebrauch für den Bischof.

Beschreibstoffe
Stein, Knochen, Ton, Holz, Birkenrinde, Leder, Gewebe, Papyrus, Pergament, Papier als Schriftträger.

Bibliophiler
Liebhaber und Sammler von Büchern.

Bifolium
Gefalztes Doppelblatt. Drei solche Doppelblätter bilden ein Ternion, vier bilden ein Quaternion (= 16 Seiten). Einheiten beim Einbinden des Buches.

Bilderschrift
Sehr frühe Form menschlicher Aufzeichnungen. Sie besteht aus schematisierten Abbildungen der Gegenstände, die den Textinhalt bilden.

Blocksatz
Textdarstellung, bei der alle Zeilen gleich lang sind, so dass die Textkolumne einen (meist rechteckigen) Block bildet.

Blockschrift
Antiqua-Schrift (Groteskschrift, Normschrift) mit durchwegs gleicher Strichdicke. Sie kann mit der Redisfeder oder mit Rotring/Rapidograph-Stiften (eventuell unter Zuhilfenahme von Schablonen) geschrieben werden.

Boustrophedon
Alte griechische Schreibart, bei der die Zeilen abwechselnd – wie die Furchen auf dem Acker – von links nach rechts und umgekehrt laufen.

Breitfeder
Schreibfeder, die eine meisselförmige mehr oder weniger breite Schreibkante besitzt, und je nach Haltung und Fuhrung der Feder wechselnd breitere bis haarfeine Linien zieht. Oft auch Rundschriftfeder genannt.

Breviarium
Brevier. Lateinisch geschriebenes Buch – für die Geistlichkeit bestimmt –, das Gebete, Lieder, Psalmen, Bibellesungen und Texte für bestimmte Zeiten enthält. Der Inhalt ist nach dem Ablauf des kirchlichen Jahres gegliedert.

Buchschrift
Schrift zum Zwecke des Schreibens von Büchern, im Gegensatz zu Schriften des Handels und des täglichen Gebrauchs.

Büttenpapier
Von Hand mit Hilfe eines Siebes aus der Bütte geschöpftes Papier.

Cancellaresca
Genauer: Littera cancellaresca corsiva. Name einer Schriftform der päpstlichen Kanzlei in der ersten Hälfte des 15. Jahrhunderts. Sie diente als Basis für die „Italic".

Cantica
Psalmenähnliche Lob- und Dankgesänge, in den täglichen Gebetszeiten gesungen.

Capitalis monumentalis
Grossbuchstabenschrift aus dem römischen Altertum, die in Stein eingehauen wurde.

Capitalis quadrata
Grossbuchstabenschrift, die in den ersten vier Jahrhunderten unserer Zeitrechnung in Anlehnung an die Capitalis monumentalis mit Schilfrohr oder Gänsekiel geschrieben wurde.

Capitalis rustica
Grossbuchstabenschrift, die zu Beginn unserer Zeitrechnung aus der Capitalis quadrata hervorging und für einfachere Texte verwendet wurde. Sie entstand durch veränderte Haltung der Feder.

Cimelie
Kleinod, Kostbarkeit, vor allem zur Bezeichnung von prächtig geschriebenen und illuminierten Handschriften verwendet (sogenannte Prachtcodices).

Codex
Ein von Hand geschriebener Text in Buchform.

Codicologie
Wissenschaft, die sich mit dem Studium des handgeschriebenen Buches als archäologischem Gegenstand befasst.

Colophon
Anmerkung am Schluss einer mittelalterlichen Handschrift über den Inhalt oder Namen des Werkes, den Ort und das Datum der Entstehung. Auch persönliche Bemerkungen des Schreibers (häufig Segenswünsche, oft auch Flüche), gelegentlich sein Name, sein persönliches Kurzzeichen oder eine einfache Skizze waren enthalten.

Convolut
Zwei oder mehr ursprünglich nicht zusammengehörende Handschriften, die in einem Band vereinigt wurden (Sammelband).

Drôlerie
Verspielte, possierliche Darstellungen an den Rändern gotischer Handschriften. Sie bestehen aus Menschen, Tieren und aus Mischwesen (Fabelwesen), oft zu satirisch-moralistischen Zwecken.

Ductus
Charakter einer Schrift (Grösse, Dicke, Buchstaben-, Wort- und Zeilenabstände usw.).

Egalisierte Ziffern
Im Gegensatz zu den Mediävalziffern oder astronomischen Ziffern Zahlzeichen mit durchwegs gleicher Höhe.

Egyptienne
Schriftart mit kräftigen, rechteckigen Serifen.

Evangeliarium
Buch, das die Schriften der ersten vier Bücher des Neuen Testamentes (der Evangelisten) enthält. Oft mit vorangestellten Kanontafeln. Meist reich verziert.

Evangelistarium
Sammlung aller Evangelien-Lesungen im Laufe des Kirchenjahres.

Ex libris
Eigentumsvermerk, Kennzeichen des Besitzers in Büchern. Meist vorn im Buch eingeklebt oder eingestempelt.

Explicit
Schlussworte eines Textes (oft Finit statt Explicit), manchmal verbunden mit Wünschen des Schreibers an den Leser oder Bitten, der Leser möge für den Schreiber beten (ora pro scriptor).

f, ff
Abkürzung für folium (Mehrzahl: folia). ff auch bei Literaturzitaten, wenn nur die erste von mehreren Seiten angegeben wird (= fortfolgende).

Facsimile
facsimile = mach ähnlich. Originalgetreue Wiedergabe einer Hand- oder Druckschrift oder eines Bildes durch ein manuelles Verfahren oder photomechanische Reproduktion.

Filzseite
Im Gegensatz zur Siebseite die glatte obere Seite des Papiers.

Finit
siehe Explicit.

Folium
(Mehrzahl: folia) Im Gegensatz zu den später gedruckten Büchern, die paginiert wurden (numerierte Seitenzahlen), foliierte man die Handschriften meistens, d. h. die Bögen (folia) bzw. Blätter wurden numeriert. Vorder- und Rückseite waren bezeichnet: Recto (R) = Vorderseite und Verso (V) = Rückseite.

Fraktur
Allgemeine Bezeichnung für „deutsche" Schrift; im engeren Sinne die im 16. Jahrhundert durch Dürer, Neudörffer u. a. gestaltete reichere, lebendigere Form der Gotisch und der Schwabacher. Oberlängen häufig mit Schleifen verziert; Grossbuchstaben mit runden Formen.

Frontispiz
Bild am Anfang eines Werkes gegenüber dem Haupttitel, passend zum Inhalt des Werkes.

Gebetbuch
Enthält Gebete und Andachtstexte zum persönlichen Gebrauch. Im Gegensatz zum Stundenbuch sind die Gebete nicht in einem liturgischen Schema enthalten.

Gebrochene Schriften
Gotisch, Rundgotisch, Schwabacher, Fraktur.

Gemeine
Kleinbuchstaben, im Gegensatz zu den Versalien (Grossbuchstaben).

Glossen
Erklärende, oft kommentierende Notizen am Rand der Seiten oder zwischen den Zeilen des Haupttextes angeordnet.

Gold
Bei der Illumination von Büchern wendete man Gold auf zwei Arten an:
1. Feines Goldpulver vermischte man mit Gummi arabicum oder Leim und trug es als Goldtinte auf.
2. Blattgold trug man auf eine Grundierung aus Kreide und Leim auf und polierte es.

Gotische Schrift
Schrift im gotischen Stil mit hohen, schmalen Buchstaben, die wie ein Gitterwerk oder wie ein Gewebe wirken, daher auch der Name Textura oder Textualis. Obere und untere Enden der Senkrechten gebrochen (eckig).

Grabstichel
Gravierwerkzeuge mit rautenförmiger Spitze. Instrument zum Herstellen von Holz- oder Kupferstichen.

Grisaille
Malerei in gebrochenen Schwarz-Weiss-Tönen.

Grotesk
Auch: Blockschrift, Normschrift. Serifenlose Antiqua (von römischen Schriften abgeleitete Schriftform), die durchwegs gleich breite Linien aufweist.

Halbunziale
Schrift im Unzialcharakter, jedoch mit Ober- und Unterlängen. Übergang von der Unzialis zur karolingischen Minuskel.

Hieroglyphen
„Heilige Inschriften". Bilderschriftzeichen (etwa 600 Elemente), daneben auch Begriffs- und Deutzeichen, ohne Vokale, keine Lautschrift. Gegen Mitte des 3. Jahrtausends v. Chr. entstand durch Vereinfachung eine Art Kursive: die demotische Schrift als Alltagsschrift (Schrift des Volkes).

Holzschnitt
Holzblock, in den ein Text oder Bild so eingeschnitten wird, dass die nicht druckenden Teile daraus entfernt werden. Die druckenden Teile ragen aus der Umgebung heraus (= Hochdruckverfahren). Die Abzüge tragen den gleichen Namen.

Homiliar
Predigtbuch.

Humanisten
Anhänger der Geistesströmung, die vom 14. bis 16. Jahrhundert durch begeistertes Studium der antiken Wissenschaft und Kultur die menschliche Vollkommenheit zu finden glaubte.

Humanistische Schrift
Schrift der Renaissance (der Humanisten), abgeleitet von der karolingischen Minuskel. Man unterscheidet zwischen der humanistischen Buchschrift und der humanistischen Kursiven.

Hybrida
siehe Littera hybrida.

Ideogramm
Ein Zeichen, mit dem eine Idee, ein vollständiger Begriff dargestellt wird (Deutzeichen). Das Verkehrszeichen „Allgemeines Fahrverbot" ist ein Beispiel eines modernen Ideogrammes.

Ikonographie
Wissenschaft, die sich mit der historischen Entwicklung und dem gegenseitigen Vergleich der Darstellungen in der bildenden Kunst insbesondere religiöser Darstellungen befasst.

Illuminator
Spezialist, der die Handschriften mit Verzierungen (Ornamenten, Prunkbuchstaben, Miniaturmalereien, Vergoldungen) ausstattete. Der Schreiber liess dem Illuminator den entsprechenden Platz frei.

Incipit
Beginn des Textes. Oft verbunden mit Invokationen wie etwa: In nomine Dei summi.

Initiale
Durch Grösse oder Verzierung auffallender Anfangsbuchstabe eines Satzes oder Textteiles.

Inkunabel
Mit beweglichen, gegossenen Lettern hergestellte Druckwerke von der Erfindung der Buchdruckerkunst bis etwa 1500.

Insulare Minuskel
Angelsächsische, irische Minuskel. Schriftform, die ihren Ursprung in Irland hat und sich in vorkarolingischer Zeit über Nordengland nach Westeuropa ausbreitete.

Italic
Englischer Name für Kursivschrift allgemein. Im 20. Jahrhundert auch in Gebrauch als Benennung für die angepasste Form der Kanzleischrift, die als neue Gebrauchsschrift propagiert und zum Teil verwendet wurde.

Kalligraphie
Schönschreibkunst.

Kanontafeln
Tabellarische Übersichten, aus denen die Paralleltexte der Evangelien abgelesen werden können.

Kapitalis
Schriftform aus römischen oder griechischen Grossbuchstaben (Majuskeln).

Kapitalkursive
Schriftform im klassischen Altertum mit kursiv geschriebenen Grossbuchstaben.

Karolingische Minuskel
Schriftform, die zur Zeit Karls des Grossen (9. Jahrhundert) entwickelt
wurde. Kleinbuchstabenschrift mit Ober- und Unterlängen; sie wurde
praktisch in ganz Westeuropa verwendet.

Konkordanz
Zusammenstellung aller Wörter eines Werkes.

Kurrentschrift
Lautschrift, in zusammenhängenden Zügen geschrieben, z. B. deutsche
Schreibschrift, englische Schreibschrift.

Kursive
Ursprünglicher Begriff: Im Gegensatz zu den sorgfältig aus mehreren
Teilen aufgebauten Buchstaben der Buchschriften rasch, möglichst in
einem Zuge geschriebene Buchstabenformen, oft untereinander ver-
bunden. Verwendung für Alltagszwecke.
Heutiger Begriff: Meistens verwendet für schräggestellte Schriftarten
(Italic).

Kustoden
siehe Reklamanten.

Lapidarschrift
In Stein eingehauene Schrift, meist in Kapitalis ausgeführt.

Lectionarium
Liturgisches Buch, in das die in der Messe eingelesenen Epistel- und
Evangelientexte – gegliedert nach der Folge des kirchlichen Jahres –
aufgenommen wurden.

Lichte Schrift
Schrift, die nur Umrisslinien der Buchstaben zeigt.

Ligatur
Verschmelzung von meist zwei Buchstaben, die dann nur noch als ein
Lesezeichen erscheinen.

Litanei
Anrufung Gottes und der Heiligen in Wechselrede zwischen Priester
und Gläubigen; gesprochen oder gesungen.

Littera

– *bastarda* auch Littera hybrida genannt. Gotische Buchschrift, verwendet im 14. und 15. Jahrhundert. Sie enthielt teils lateinische, teils
  lokale deutsche Formelemente.

– *cancellaresca* Schriftart, die in der Renaissance (bei den Humanisten) und später in der päpstlichen Kanzlei in Gebrauch stand. Kursive mit mehr oder weniger lose nebeneinander stehenden Buchstaben.

– *cursiva* Gotische Schrägschrift (Kursive), vor allem gebraucht als Handelsschrift und an Universitäten. Später in etwas abgewandelter Form als Buchschrift in Gebrauch.

– *cursiva formata* Vereinfachte Form der cursiva, meist mit freistehenden Buchstaben geschrieben. Auch 'lettre bourguignonne' genannt, weil sie am burgundischen Hof entwickelt wurde (2. Hälfte des 15. Jahrhunderts).

– *humanistica antiqua* Humanistische Buchschrift, humanistische Minuskel.

– *hybrida* Siehe Littera bastarda.

– *pregotica* Übergangsform zwischen der karolingischen Minuskel und der Littera textualis (13. bis 15. Jahrhundert); auch frühgotisch genannt.

– *rotunda* Italienisch-spanische Form der Textura.

– *textualis* Textura. Gotische Buchschrift, in Gebrauch vom 13. bis 15. Jahrhundert. Eckiges Erscheinungsbild, hervorgerufen durch das Brechen der Rundungen an den Senkrechten und an ursprünglich kreis- oder halbkreisförmigen Buchstaben.

Lombard
Kleine Initiale, meist einfarbig, oft verziert mit Ornamenten.

Majuskel
Grossbuchstaben.

Manuskript
Handschrift. Von Hand geschriebenes Buch. Heute oft verwendeter Begriff für das vom Autor gelieferte Schriftstück, das zum Drucken bestimmt ist (meist Schreibmaschinenschrift).

Marginalie
Randtitel und erklärende Texte (meist in kleiner Schrift) am Rand neben dem Haupttext.

Miniatur
Bezeichnung für gemalte Illustrationen in Handschriften, die auch in den ersten gedruckten Büchern noch verwendet wurden.

Minuskel
Kleinbuchstaben (Ober- und Unterlängen vorhanden).

Missale
Messbuch.

Naturalistisch
Wiedergabe natürlicher Gegenstände in der Art, wie sie gesehen werden.

Nimbus
Heiligenschein.

Notula
Gotische bürgerliche Handschrift. Oft als Schrift für Glossen verwendet.

Ober- und Unterlängen
Nach oben (b, d, f) und nach unten (g, p, q) hervorragende Teile der Kleinbuchstaben.

Opistograph
Papyrusrolle und -teile wurden oft, wenn der erste Text bedeutungslos geworden war, auf der Rückseite neu beschrieben bzw. der erste Text wurde vorher abgewaschen. Solche Papyri nennt man Opistographe.

Palimpsest
(von griechisch 'palin paso' = ich glätte noch einmal) Wie beim Papyrus wurde auch beim Pergament oft bedeutungslos gewordener Text abgewaschen oder abgekratzt und das Pergament erneut beschrieben (ein sehr aufwendiger Prozess!).

Papyrus
Im Nildelta Ägyptens und anderswo (Sudan, Sizilien) wachsende Pflanze. Streifen des Stengelmarks wurden kreuzweise in zwei Lagen (eine Lage längs, eine zweite quer darüber) ausgelegt und unter Zusammenpressen getrocknet. Die Blätter brauchte man sowohl einzeln als auch in Rollen (zusammengeklebte Blätter). Im 4. Jahrhundert n. Chr. wurde der Papyrus verdrängt. Die päpstliche Kanzlei verwendete Papyrus bis ins 11. Jahrhundert.

Pergament
Seit dem 2. Jahrhundert n. Chr. als Beschreibstoff in Gebrauch. Dazu wurden Häute, besonders von Schafen und Ziegen, durch Einlegen in Lauge enthaart und entfettet, dann auf Rahmen gespannt, geschabt und getrocknet. Um die nasse Haut aufzuhellen, rieb man sie oft mit Kreide ein. Für besonders luxuriöse Codices, die für vornehme Personen bestimmt waren, färbte man die Haut auch ein, z. B. mit Purpur aus Purpurschnecken.

Perikope
Ein bei bestimmten Gelegenheiten im liturgischen Gottesdienst vorgelesener Bibelabschnitt.

Pictogramm
Vereinfachte bildliche Darstellung eines Begriffes (Symbol). Aus dem Aneinanderreihen von Pictogrammen setzte sich die Bilderschrift zusammen.

Propädeutik
Vorbereitung, Einführung.

Psalterium
Buch, das die 150 Psalmen des Alten Testaments enthält. Wichtiges Gebetbuch für die Geistlichen; reich verziert im Gebrauch für Laien bis ins 14. Jahrhundert. Dann wurde das Psalterium durch das Stundenbuch abgelöst.

Purpur
Violettroter Farbstoff, zubereitet aus den sogenannten Purpurschnecken. Im Altertum und im Mittelalter verwendet als kostbarer Farbstoff für illuminierte Handschriften für fürstliche Personen.

Quaternion
Lage aus vier Bogen (= 16 Seiten), die nach dem Falzen als Einheit verwendet wurden beim Einbinden des Buches.
Seltener bestand eine Einheit nur aus drei Bogen (= Ternion).

Recto
Vorderseite eines Blattes (Rückseite = Verso).

Redisfeder
Blockschriftfeder. Feder mit einem runden, flachen Plättchen als Schreibfläche. Damit werden die Linien durchwegs gleich breit.

Reklamanten
Die unten am Schluss der letzten Seite einer Lage verwendeten Anfangswörter oder -silben der folgenden Lage als Hilfe für den Buchbinder. Reklamanten werden auch Kustoden genannt.

Renaissance
Wiedergeburt. Bestreben zur Erneuerung des Kunst- und Lebensstils in Süd- und Westeuropa, inspiriert durch Vorbilder des klassischen Altertums. Die Periode umfasst die Jahre 1475 bis 1550.

Repräsentant
Andeutung des Platzes für Initialen und Lombarden, die durch den Schreiber vorgenommen wurde.

Rotulus
Schriftrolle, auch: geschwungenes Schriftband.

Rotunda
siehe Littera rotunda.

Rubricator
Spezialist für die Gestaltung der Rubrizierung (siehe dort).

Rubrik
(lateinisch Rötel) Ursprünglich Gesetzestitel (rot geschrieben), dann Überschrift, Fach, Abteilung. In der katholischen Kirche Anweisungen für den Vollzug liturgischer Handlungen.

Rubrizierung
Das Anbringen von Überschriften, Anfangsbuchstaben und Paragraphenzeichen in Handschriften durch den Rubricator.
Heute verwendeter Begriff für das Einordnen eines Textes in Kapitel und Unterkapitel.

Sammelband
siehe Convolut.

Säulengerüst
Zwei oder mehr nebeneinander stehende Säulen, überdeckt durch einen Bogen oder Giebel, verwendet als Umrahmung einer Szene und als Verzierung von Kanontafeln bei der Illumination von Handschriften.

Schnitt
Die drei Seiten des Buchblockes, die vom Buchbinder nach dem Binden rechtwinklig und gerade geschnitten werden. Der Schnitt kann vergoldet (oft nur der sogenannte Kopfschnitt – oben) oder mittels Rollstempeln verziert sein.

Schnörkel
Ineinander verschlungene, oft spiralförmige Linienzüge, meist komplizierte Gebilde formend. Hauptsächlich im ausgehenden Mittelalter und in der neueren Zeit als Verzierung verwendet.

Schreibmeister
Berufskalligraph, oft mit einer Schreibschule in Verbindung.

Schwabacher
Schriftform, die einen Übergang von der Textura zur Fraktur bildet.

Scriptorium
Schreibwerkstatt, häufig in einem Kloster. In manchen Fällen können die Scriptorien anhand gewisser Schriftmerkmale identifiziert werden.

Serife
Die Ansätze und Enden der Hauptlinien eines Buchstabens. Die Form und Grösse der Serifen ändert sich je nach Schreibtechnik und Schriftart. Schriften ohne Serifen nennt man serifenlos (z. B. Blockschrift).

Signatur
Kombination von Buchstaben und Ziffern auf den Blättern eines Quaternions (oder zwischen Quaternionen), um deren richtige Reihenfolge für den Buchbinder zu erleichtern. Codes, die Bibliotheken den Handschriften und Büchern verleihen, um ihren Platz auf dem Regal anzugeben.

Spatium
Buch- oder Wortzwischenraum. Spatiieren = Buchstaben und Wörter mit deutlichen Zwischenräumen versehen.

Spitzfeder
Zeichenfeder. Feine Stahlfeder für die englische Schreibschrift (Italic) oder für Schnörkel und andere Zierlinien.

Stich
Drucktechnik, bei der ein Text oder ein Bild mit dem Grabstichel in eine Metallplatte (meist Kupfer) eingeritzt (graviert) wird. Durch Einfärben und Entfernen der überschüssigen Farbe wird die Platte für den Druckvorgang bereitgestellt.

Stundenbuch
Gebetbuch für Laien, für die allgemeinen Gebetszeiten des Tages. Vom 14. Jahrhundert an im Gebrauch, meist sehr schön illuminiert.

Ternion
siehe Quaternion.

Textspiegel
Die beschriebene Fläche einer Seite (Länge und Höhe der Textkolumne). Die Grösse des Textspiegels ist im ganzen Buch gleich. Heute spricht man vom Satzspiegel.

Textura
siehe Littera textualis.

Unziale
Majuskelschrift (Grossbuchstabenschrift), entstanden aus der römischen Kapitalis im 3. Jahrhundert n. Chr. Bis ins 9. Jahrhundert in Gebrauch.

Versalien
Grosse, verzierte Anfangsbuchstaben.

Verso
Rückseite eines Blattes (Vorderseite = Recto).

Vorsatzblatt
Pergament- oder Papierblatt, das zuvorderst und zuhinterst im Buch eingenäht wurde, um den Buchblock mit den Deckeln zu verbinden.

Vulgata
Benennung der lateinischen Bibelübersetzung, die durch den Kirchenvater Hieronymus zu Beginn des 5. Jahrhunderts geschaffen wurde.

Wiegendruck
siehe Inkunabel.

Zeilenfüllung
Zeichnerisches Ausfüllen von kürzeren Textzeilen, um die Ränder des Textspiegels gleichmässig (ohne Lücken) zu halten.

Anne Chambers
Marmoriertes Papier
Ein praktischer Leitfaden.
88 Seiten, 28 Zeichnungen, 32 Farbseiten
gebunden Fr. 32.–/DM 38.–

Ernst Lüscher
Heraus mit der Schere!
Wegleitung und Anregungen
zu Scherenschnitten mit Beispielen.
4. Auflage, 80 Seiten, 28 Abbildungen,
133 Scherenschnitte
kartoniert Fr. 18.–/DM 21.–

Moritz Zwimpfer
Farbe
Licht, Sehen, Empfinden
Eine elementare Farbenlehre in Bildern.
176 Seiten, 535 farbige und 183 schwarz-weisse
Abbildungen,
gebunden Fr. 108.–/DM 128.–

Verlag Paul Haupt Bern und Stuttgart

Manfred Maier
**Elementare Entwurfs-
und Gestaltungsprozesse in vier Bänden**
Band 1: Gegenstandszeichnen, Modell- und
Museumszeichnen, Naturstudien
Band 2: Gedächtniszeichnen, Technisches Zeichnen,
Perspektive, Schrift
Band 3: Materialstudien, Textilarbeit, Farbe 2
Band 4: Farbe 1, Graphische Übungen,
Räumliches Gestalten
Vier Bände zusammen 416 Seiten, 308 farbige und
1593 schwarz-weisse Abbildungen, in Kassette,
2. Auflage
kartoniert Fr. 112.–
Jeder Band ist auch separat erhältlich zu je Fr. 33.–

Gottfried Tritten
Gestaltende Kinderhände
Eine praktische Anleitung zu bildnerischem
Schaffen der Fünf- bis Zehnjährigen.
5. Auflage, 172 Seiten, 11 farbige und
54 schwarz-weisse Bildtafeln, über 100 Abbildungen
gebunden Fr. 29.–

Verlag Paul Haupt Bern und Stuttgart

Gottfried Tritten

Erziehung durch Farbe und Form

Ein methodisches Handbuch für das bildnerische
Gestalten und Denken der Elf- bis Sechzehnjährigen.
3. Auflage, 412 Seiten, 298 farbige und
439 schwarz-weisse Abbildungen
gebunden Fr. 128.–

Gottfried Tritten

Malen

Erziehung zur Farbe, Handbuch der bildnerischen
Erziehung.
294 Seiten, 369 farbige und 328 schwarz-weisse
Abbildungen
gebunden Fr. 94.–/DM 112.–

Peter von Arx

Film + Design

Die elementaren Phänomene und Dimensionen des
Films im gestalterischen Unterricht.
Erklären, Entwerfen und Anwenden der elementaren Phänomene und Dimensionen des Films im
gestalterischen Unterricht an der Schule für
Gestaltung Basel.
291 Seiten (davon 15 farbig), 7755 Vergrösserungen
aus Filmen, 30 ganzseitige Filmpartituren,
23 Abbildungen von Installationen und Geräten,
41 Reproduktionen von Grafik
gebunden Fr. 120.–/DM 144.–

Verlag Paul Haupt Bern und Stuttgart